雕刻陽光

可拾艺

王万君 著

中新教育比较下的
小学办学实践与思考

教育乃系统工程，渊源才能流长；
教育乃静心工程，静水才能流深。
秉教育"阳光"般初心，行"雕刻"之精心。

浙江工商大学出版社
ZHEJIANG GONGSHANG UNIVERSITY PRESS
·杭州·

图书在版编目(CIP)数据

雕刻"阳光":中新教育比较下的小学办学实践与
思考 / 王万君著. — 杭州 : 浙江工商大学出版社,
2020.6
    ISBN 978-7-5178-3822-7

    Ⅰ. ①雕… Ⅱ. ①王… Ⅲ. ①小学－学校管理－对比
研究－中国、新加坡 Ⅳ. ①G627

中国版本图书馆 CIP 数据核字(2020)第 069191 号

雕刻"阳光"——中新教育比较下的小学办学实践与思考
DIAOKE "YANGGUANG"
——ZHONGXIN JIAOYU BIJIAO XIA DE XIAOXUE BANXUE SHIJIAN YU SIKAO

王万君 著

责任编辑	尹　洁
封面设计	林朦朦
封面题字	林可松
责任印制	包建辉
出版发行	浙江工商大学出版社
	(杭州市教工路 198 号　邮政编码 310012)
	(E-mail:zjgsupress@163.com)
	(网址:http://www.zjgsupress.com)
	电话:0571-88904980,88831806(传真)
排　　版	杭州朝曦图文设计有限公司
印　　刷	杭州宏雅印刷有限公司
开　　本	710mm×1000mm　1/16
印　　张	9
字　　数	215 千
版 印 次	2020 年 6 月第 1 版　2020 年 6 月第 1 次印刷
书　　号	ISBN 978-7-5178-3822-7
定　　价	42.00 元

版权所有　翻印必究　印装差错　负责调换
浙江工商大学出版社营销部邮购电话　0571-88904970

　　如王万君校长所言,该书以瑞安市阳光小学近 5 年的办学实践为底色,以新加坡高质量的基础教育成果为范本,比较了中新两国在教育理念、课程计划、教育督导、教师培养、教学管理、课程实施、教学方法、教育评价、课外活动设计等方面的差异。全书务实高效、高屋建瓴,反思了阳光小学既往教育管理之不足,能够帮助当下的义务教育践行者理清思路、把握方向、夯实基础、除疴去疾,为今后进行更加全面精细的教育改革发展提供策略借鉴,也为今后瑞安进一步推动"品牌学校"建设提供了有效的行动思考。

　　全书采用散文的形式,围绕一个个教育小故事、小细节、小专题展开,富有真情实感,力求把教育政策、教育规律、教学方法、办学策略蕴含在一个个细节中,既具备可读性,又富有启发性。书中的每一个想法都直指教育本质,始终蕴含着对教育价值的追寻和对教育本质规律的思考。综观本书中的教育故事,既能让人领略到新加坡现代教育管理制度设计的精到之处(如新加坡学生学习能力分流制度、弹性学制、"群"育与体育活动特色课程、教师专业发展制度等),又能让人窥探到阳光小学改进办学方法的系统性反思和改进策略,这使得本书具备了很强的可读性、可借鉴性。

　　尤其令我惊喜的是,书中用较大篇幅介绍了阳光小学办学的"二十四节气歌",即把小学阶段不同年级学生的发展,定位在一个个教育"节气"上来落实。教育如农功,需辛勤耕耘,如农人般抓住节气种植庄稼,不误农时,不凌节而施,在每一个年级、每一个阶段都达成所有学生应有的发展目标。针对以上问题,该书给出了阳光小学的做法与经验,虽未必善尽美,但不失为一本值得广大教育管理工作者乃至家长学习的文化读本。

　　教育乃系统工程,源远才能流长;教育乃静心工程,静水才能

序

　　日前，阳光小学王万君校长邀我为其新作《雕刻"阳光"—新教育比较下的小学办学实践与思考》作序。我收到书稿后不胜欢喜，欣然应允。

　　近年来，瑞安教育高举"至美教育 学在瑞安"大旗，全力"让人民满意的教育"，始终坚持用系统性思维办大教育，加大投入，全方位提升各学段的教育教学质量。尤其是全力促进教育阶段学校的优质均衡发展，中、高考成绩连创新高；同时创新教育干部培养机制，建立优秀教育人才库，加大干部度，选拔出一大批能干事、会干事、敢干事、干实事的教育，设了一支业务精湛、素质精良、德艺双馨的名师、名校长队伍。

　　王万君校长所在的瑞安市阳光小学，正是瑞安市全力质均衡教育的重点学校，近年来学校教学质量提升迅速，显著，已然成为温州市新优质学校的代表。此次温州市派他到新加坡进行现代基础教育管理方向的访问学习，曾一再叮嘱：要学思践悟，取得真经；要沉得下去，带得回得见书稿，成果斐然，值得一荐。

流深。秉教育"阳光"般初心，行"雕刻"之精心，此应为万君取题
"雕刻'阳光'"之本意。

　　是为序。

　　　　　　　　瑞安市教育局党委书记、局长
　　　　　　　　姜宗羽
　　　　　　　　2020 年 4 月 8 日

序二

　　我与万君校长是在瑞安市委托我院举办的名优校长培训班上认识的。2019年下半年,万君校长有幸参加了为期三个月的浙江省中小学名校长赴新加坡研修团(第六期)。在研修期间,万君校长撰写了系列学习感悟,并有心将其汇编成书公开出版。为此,万君校长嘱我作序。承蒙抬爱,欣然允诺。

　　我粗粗浏览了书稿,主要有三点感想。首先,万君校长是一位爱学习的校长。书稿由数十篇学习感悟组成,这就意味着他在新加坡研修期间基本做到日有所学、夜有所思,这种好学精神可嘉。一个好校长应该干得出色、说得漂亮、写得精彩。但现实中,这样的校长凤毛麟角。要成为"三会"校长(会干、会说、会写),校长自身需要不断地历练和修炼。其次,万君校长是一位务实的校长。他善于把学习和工作有机结合,做到学习工作化、工作学习化。当下校长学习培训的机会不少,从县级到国家级,甚至出现"过度培训"的现象。评价校长培训成效的关键是看培训能否激发校长的行为改变和学校的积极变化。不然的话,又会回到"听听激动、想想心动、回去不动"的老路上去。再次,万君校长是一位视野开阔的校长。他不仅知识面开阔,还熟悉传统文化。校长一般都是从优秀教师中选拔产生的。但从教师到校长,角色发生了很大的变化,要求校长的知识视野从专精走向广博。一个好的校长应该是让人辨识不出其最初的学科专业的。

万君校长所在的瑞安阳光小学是瑞安市教育局力推的品牌学校建设示范校之一。万君校长参加三个月的海外学习之后,应该对学校的品牌建设有更深入的思考、更系统的设计和更扎实的推进。个人认为,目前阳光小学利用校名作为学校的教育品牌冠名即"阳光教育",也不失为一种品牌建设的路径。关键是,学校要围绕"阳光教育"研精覃思。原因有三:其一,不少学校都在提"阳光教育",那么,我们对"阳光教育"需要做出特别的诠释;其二,小学的"阳光教育"应该与初中、高中和职高等不同学段和类型的学校有所区别,要反映小学教育的特点和规律,体现童真和童趣;其三,"阳光教育"要紧扣"阳光"的教育隐喻,如阳光是普照的(教育要面向人人)、阳光是多彩的(教育要因材施教)、阳光是温暖的(教育要有温度和重人文)、阳光具有能量(教育要激发人的生命活力)等,只有厘清"阳光教育"(办学理念)和"阳光少年"(育人目标)这两个核心概念以及其内在关联,才能构建起明晰的学校教育哲学。总之,学校教育品牌的核心不是华丽的外衣,而是其蕴含的教育思想。同时,品牌建设非一蹴而就,需久久为功。一句话,学校品牌建设永远在路上。衷心希望阳光小学的品牌建设行稳而致远。

是为序。

杭州师范大学继续教育学院院长、教授

2020 年 4 月

目　录

第四辑　　立足系统变革

第五辑　"阳光教育"小贴士

第一辑

雕刻阳光

1.

雕刻阳光

想不到,我在从事教育工作整 20 年之后,竟然有幸作为"浙江省中小学名校长赴新加坡研修团(第六期)"的一员,获得国家留学基金管理委员会公派出国留学的资格。虽然这个所谓"名校长"也只是组团所需,当不得真,但是能够再次彻底做回学生,在世界教育的高地——新加坡南洋理工大学,在素朴的宿舍和现代化的教室里,度过 3 个月的访学之旅,对于我这个普通的小学教育工作者来说,实在是一件难得的幸事。

25 年前我初中毕业的时候,家庭贫困,父亲说:"你就去读中师(中等师范学校)吧,读中师每个月有饭费补助。"于是只为了提前享受每个月 45 元的伙食费补助,我选择了教师行业,无关理想,无关情怀。

从教以来,我从小学一年级开始教,给孩子们把过屎尿,换过衣裤,当过 10 年班主任,教过语文、数学、书法、科学、体育,干过大队辅导员、教导员、政教主任、教科室主任,还在教育行政机关干过 6 年,换过 2 个岗位,可始终觉得在师范 5 年所学的技能,让我最适合当一个教师。

于是，我又回到学校。

转眼间，担任校长这个岗位也已经 5 年有余了。这 5 年来，我始终坚持自己担任一门考试学科的教学任务。这么做不是为了证明自己的教学有多优秀，而是始终觉得一个个已经被教育心理学证明的大家熟知的教育原理，还远远没有做成我自己的发现，做成广大老师自身的发现。每当一个个教育规律被我们做成自己的积累和发现的时候，我总会倍觉欣喜——我们又为广大孩子做了一件好事、一件善事！

鲁迅说："无端的空耗别人的时间，其实是无异于谋财害命的。"一个人最宝贵的是时间，而最宝贵的时间是儿童时的求学期。每当看到一些学校和教师教学组织低效甚至无效的时候，我总是不由得愤慨——为什么我们不能在学生高效学习上多下点功夫，多做点研究？为什么老师总还是习惯于做知识教学的组织者、设计者、传递者，而鲜于做学生学习的参与者、鼓励者、启发者？我们当下所进行的教育是不是也有"谋财害命"的嫌疑？

在这次访学临出发前，我尊敬的姜宗羽局长一再强调——出去学要学点东西回来给大家分享。这是要我这个并不聪敏的"和尚"取得真经，把新加坡基础教育的国际视野、高效教学、务实教风带回去。

然而，取得真经并不容易。冯唐在《成事：冯唐品读曾国藩嘉言钞》中说："时代越靠近现代，信息越庞杂，人越容易空谈，是非越容易被混淆，庸众越容易狂欢，骗子越容易生存。"教育亦如此，各种理论众说纷纭，亦不乏鱼目混珠者。那就借此次访学的契机，以我所在的瑞安市阳光小学近 5 年办学实践为底色，以新加坡高质量的基础教育成果为范本，以务实高效为刻刀，雕刻一下我们自己的教育姿态,削掉沉疴,夯实基础、析清方向,以期去伪存真、取得真经。

一切来得正是时候。于我本人,可以在这 3 个月中安静地反思比对这 20 年教育工作的积累与鄙薄;对于阳光小学,可以借此机会在行进中认清方向、抓住本质,为今后进行更加全面精细的改革打下基础。

在比较中新两国在教育理念、课程计划、教育督导、教师培养、教学管理、课程实施、教学方法、教育评价、课外活动设计等方面的差异的过程中,我试图围绕一个个教育小故事、小细节、小专题展开,结合自身在瑞安市阳光小学近 5 年的办学改革经验,整理实践策略,反思既往之不足,并将之结集成册。寄希望于为阳光小学的办学实践做一个承前的总结,也做一个启后的展望。

为了使阅读更轻松愉悦,本书在结构上抛弃系统归纳总结的方式,采取《故事会》的形式,从任何一页都可以读起,从任何一个故事都可以读起。在瑞安市品牌学校建设如火如荼深入开展之际,阳光小学也趁势而上,蓬勃发展。如果要为这本小册子取一个名字的话,我想,用《雕刻"阳光"》也许正合适。

(2019 年 10 月 25 日)

$\mathcal{2}.$
劳动，使教育直立行走

在新加坡的文礼地铁站，我碰到了一个老阿姨，她瘦瘦的，戴着一副老花眼镜，60多岁的样子。旁边还有一个男人，年岁相仿，估计是她的丈夫。

老阿姨在地铁站的一个拐角处支起了一个小摊子，专门替过往旅客行人充话费，充流量，还出售新加坡当地的 SIM 卡。对于我们这群要在新加坡呆上 3 个月的外国人来说，买一张当地的 SIM 卡，使用当地的流量包，是一种很经济的选择。我们也就顾不上为中国移动做贡献了。

来来往往在这个点停留的人很多，有中国人、印度人、马来西亚人，也有欧洲人，他们都在这个小摊前排队。只见那个男人熟练地用一个老旧的诺基亚按键手机为过往的旅客充话费，充流量。这个老阿姨则熟练地通过护照审核各国旅客的身份，办理入网套餐。不论是汉语、英语、还是马来语，他们都应答如流，没有一点障碍。

一个小摊子，两个老年人，日接待的客流量估计比中国移动的一个乡镇营业点还要多。他们对各国的各款手机都了如指掌，操作起来双手上下翻飞，办理业务多头并进。我多次在这个小摊点停留，小摊点的两张塑料小矮凳总是被各色客人坐着。他们夫妇俩似乎从来没有空闲到可以坐下来过，工作量没有哪一个中国移动的明星员工可以与之媲美。

同行的一位校长拿出一个备用的 iPhone 4 手机，要购买当地的 SIM 卡接入网络。老阿姨为他下载谷歌应用，询问这款手机的 ID 账号和密码，问得同伴一脸蒙圈；发现这款手机内存不够无法下载安装 APP，又建议其开热点给另外的手机上网，又小小地为难了同伴一把。

我不禁联想到我的父母，年岁相仿，他们却连 APP 是什么都不曾了解过；想到我身边的朋友，花上成千上万的钱去买苹果、华为手机，似乎只为比谁的款式新颖、价格昂贵，除了拍照片、聊微信、打电话，也发挥不了其他功用。

此刻，我明白了李光耀的抉择——"出于政治和经济原因，必须把英语作为我们的工作语言""语言政策可能会成为经济成功的关键。它确实能决定一个国家的成败。"因为当西方的工业文明和率先发展起来的机器语言都以英语为载体的时候，语言就是生产力，语言就是劳动价值。

今天，我们不得不敬佩李光耀的执着和远见，在大多数人口都是华人的国土上，当初强力推行英语作为工作语言，其阻力可想而知，其难度也可想而知。今天新加坡的很多年轻人已经不大精通中文了，他们中或许有人可以跟你流利地用汉语交谈，但却基本看不懂汉语文字，更不讲究汉语语法。他们一个个笑称自己中文不及格。

但是，在这个小摊上，在这一对夫妇的日常上，在人均超过 5

万美元的国家年收入上,我们不得不承认,新加坡的双语之路是其取得成功的基础。

——因为他们培养了面向世界的会劳动的人。

因为教育首先要培养的,就是会劳动的人。在此不去辩议诸如首先要培养健康的人、培养身心和谐的人、培养有文化传承的人、培养有国际视野的人、培养有自主创新能力的人之类的观点,否则容易"拉仇恨"。

以劳动为导向,为经济发展服务,让新加坡教育直立行走。而新加坡的教育,又让新加坡直立行走。

40多年前李光耀的选择,或多或少拉开了今天我的妈妈辈们跟这位老阿姨摊主之间的劳动能力差异。而这,体现的正是新加坡教育的务实之处。

(2019年10月27日)

3.
"晒太阳"也要看是否有余粮

有这样一个故事:渔夫每天只用半天打鱼,留下的时间晒晒太阳,享受生活。一个过路的商人劝渔夫每天应该更卖力工作,抓紧学习,然后换大船,把捕鱼产业化,这样后半生就可以享受生活了。渔夫反诘:"我现在不是已经在享受生活了吗?"商人无言以对。

有人把商人对渔夫的教育看作教育价值的缺失,认为教育的本质不应该被物质化、功利化,应该归结于内心的和谐。故事中的这个渔夫一开始就已经达到了和谐生活的目标,所以教育他卖力工作、学习,以换大船,把捕鱼产业化,就像我们逼着孩子学这个学那个一样,是教育的功利化表现,是教育的异化,是摧残生命。于是,很多教育理论被提出来,生命教育、和谐教育、快乐教育、尊重教育、人格教育、幸福教育……很多永远正确的口号被提出来——教育要关注人的发展的终极目标,要实现人与自然、人与环境、人与他人、人与自我的和谐等。

这种理论特别符合"首孝悌,次谨信,泛爱众,而亲仁,有余力,则学文"的传统儒家思想,至今仍有很多人将其奉为金科玉律。他们大谈教育是慢的艺术、爱的艺术、心灵的艺术,甚至在一些人看来，只有遵循《弟子规》中的古训，大量读经、修身养性，才是完美的教育。

于是，学英语无用论此起彼伏，职称评审不用考英语迎来一片欢呼。然而，很多冠冕堂皇的教育理论，似乎都忘了一点——教育本身是为推动社会生产力发展服务的，教育行为的产生首先是为了解放和发展社会生产力的。马克思描绘的原始共产主义社会和未来共产主义社会也不是同样的"共产"。渔夫毫无生产积累地晒太阳与创造大量剩余财富后的晒太阳活动，是一样的晒太阳吗？我看不是。

晒太阳也要看看家里有没有余粮啊！

教育，始终不能忘了为解放和发展社会生产力服务，这是教育人必须有的务实思想。我今天仍能真切地体会到当初近七成新加坡人将英语作为第一工作语言的艰难，因为语言是思维的外衣，改变语言意味着改变思维的方式，改变原有的一切学习习惯、行为习惯。这种改变带来的割裂和痛苦，通常是一个群体极难承受的，没有破釜沉舟的勇气是绝对无法做到的。

新加坡的语言教育政策告诉我们——教育是不应该一开始就追求和谐的，经历过努力改变的阵痛才发展起来的和谐，才是有"余粮"的和谐。

一切发展必须经历磨难，一切蜕变都要经历阵痛，教育也一样。没有一开始就幸福的教育，也没有永远快乐的教育，学会劳动，经历磨难，才能"渡劫"。

一切设想轻松如意就能达到和谐发展的教育，都是假把式！

（2019 年 10 月 28 日）

4.
一个被"传统"了的学生

不知从什么时候起，我们的身边多了很多"名"校。

这些学校，大都起名××私塾、××学堂、××传统文化学校、××读经学校、××讲习所、××草堂等，据我所知，浙江多地有这样的学校。他们所有的课程安排就是读经，如"四书五经"，再加一些礼仪课（如作揖、打坐之类），其他基本不管。

一年前，有个家长带着个孩子来到我的办公室，说孩子符合我们学校的入学条件，原来在某个民办传统文化学校学习，现在想让他回来插入小学五年级，接受公办学校的系统义务教育。

孩子坐在我跟前，身材显得有些瘦小，眼神空洞。

我问他在原来学校都有什么课，孩子回答："国学课、礼仪课。"

我又问："有开设英语课、科学课吗？"孩子摇了摇头。

我继续问："你学过'九九乘法表'吗？7 乘 8 等于几？"

孩子一脸茫然。

我很诧异，就问这个家长："你知道你的孩子学习的课程这么不健全吗？"家长说："我也是教师，觉得传统文化很好，我就想让我的孩子专心接受传统文化的熏陶，没考虑那么多。"

　　我不禁气急："你知道你这样是害了孩子吗？数学、科学就不是传统文化了？那《九章算术》《周髀算经》是什么？你让孩子只背诵传统文化的经典书籍，就算穿越到过去生活，恐怕也不行吧？"

　　这只是一个被"传统"玩坏了的学生，背后还有一群被"传统"玩坏了的家长。

　　有一个叫王××的台湾人，自称是台湾某"大学"的教授，近年在浙江泰顺玩得很欢。一年前，他在瑞安华都大酒店开办了一个讲座，说是引导读经，讲《孟子》《论语》等，现场安排了20余个托儿，每讲一两分钟，必然会无缘无故响起一阵掌声，或者响起一阵叫好声。可这些叫好和掌声却怎么也对应不到其表达的内容上，假得实在令人作呕。其人还大放厥词——"鲁迅精神已死，胡适只是跳梁小丑"，五四新文化运动"根本不是东西"，甚至公然吹嘘自己是"孔孟第二"，还吹嘘自己在泰顺某个小山坳里举办的读经学堂是教育的圣地。我不知道那个学校究竟是怎么回事，但就凭这几句话，这学校就应该被关停，这样的文化流氓更应该得到批判。

　　这次，我走访了新加坡的一些中文学校、孔子学院。在这些学校、学院中，中华传统文化课程只是学生的一门选修课，是学生了解中国传统政治思想、文化习性的窗口。传统文化只是加强中新两国人民沟通的工具而已，但这也足够了。我还就王××的观点，求证了新加坡国立教育学院的吴伟博士，与之取得对全面复古读经活动的批评性共识。

　　教育要学习传统文化没错，但是必须加诸多定语——经典的、适量的、多维的，否则只能是"鲁叟谈五经，白发死章句"。在封建社会，中国从闭关自守到落后挨打，跟传统文化中腐朽的思想习性有一定关系，今天来搞全盘复古，不像是来搞教育的，更像是来搞颠覆的。

　　学一学新加坡的务实吧！教育，特别是在义务教育阶段，不应该把传承传统思想放在第一位，而是应该把如何传承人类文明优秀成果、解放和发展人力资源、提升社会生产力放在第一位。毕竟，教育要向未来看，而不能总向过去看。

　　应该永远把培养面向未来的会劳动的人放在"教育培养什么样的人"这个问题答案的第一位。

（2019 年 10 月 29 日）

5.

一场梦境的启示

25 年前,普通话并不普及。

刚开始进入师范学校的时候,我的普通话考试总是不及格。回想起来,我当时是直接用方言语音和语义进行阅读、理解、识记的。后来努力学了四五年,直到从温州师范学院毕业的时候,有一夜,我忽然做了一个梦,梦里自己用普通话在读书。醒来后我突然很诧异——梦里的我竟然会用普通话读书? 这是不是意味着,潜意识里的我已经改用普通话进行逻辑思维活动了呢?

后来,我会经常在阅读的过程中突然停下来,冷不丁地审问一下自己——我此刻是用方言还是用普通话进行的思维活动? 慢慢地我才发现,在深入学习了六七年后,普通话已经真正成了我的思维语言,而方言则慢慢退出了原先的主导地位。

在访学的第二天,为我们讲课的是陆家祺教授。陆老师是海外华人,是新加坡国立大学的特聘教授,曾长期担任新加坡的中学校长。我向他详细了解了新加坡中文教育的真实现状,并提出两个疑问——一个国家真的能够平分秋色地实施双语教学吗? 一个人真的能够随时切换语言方式进行同等质量的思维活动吗?

　　进一步说，一个人思考一个问题，会用两种语言同时进行吗？围绕这个问题我还询问了诸多在新加坡为我们授课的教授，得到的普遍答案是——不会。就如计算机不能同时采用两套机器语言进行运算一样，不论一个人能够熟练掌握多少种语言，大脑会主动选择你掌握得最熟练、内化得最完整的语言，作为某一时期的思维语言。

　　新加坡把英语作为第一语言，汉语在逐渐弱化。陆家祺教授坦言，就他自己而言，也觉得用英语阅读比较方便，用中文进行阅读理解费力。新加坡政府也看到民众汉语能力弱化的问题，正在想办法逐步加强。

　　研究经济学的周孙铭教授（独立学者）为我们做了《新加坡教育与社会发展结合》专题报告，同时表达了对新加坡双语教学实施的担忧，他认为今日新加坡之双语教学，其实已经"一边倒"了，年轻一代基本上以使用英语为主。

　　答案不言而喻——人的大脑只会选择掌握得最纯熟的一种语言作为思维活动的工具，语言越纯熟，节律就越稳定，能带动的思维敏捷性就越高。即使是在采用双语教育最成功的新加坡，其民众的大脑也只会选择最方便的语言作为思维支撑。新加坡的汉语教学，预计还会继续弱化。

　　这对于我们如何开展有效的双语教学，是全方位可借鉴的经验。

（2019 年 10 月 30 日）

6.

马哈蒂的选择

马哈蒂这个老头很可爱。

2018年5月,92岁高龄的他,竟然再次当选马来西亚总理,令世人刮目相看。

一个在新加坡某公立中学做了16年教师的朋友告诉我,这个老头近来准备学李光耀:抛弃马来语,把英语作为全国第一工作语言。

访学时与我同住的是温州市苍南县少年艺术学校的校长,期间他反复挂在嘴边的一句话就是——回去要组织我学校所有的老师学英语。在新加坡,人们毫不怀疑李光耀的一句话——语言政策确实能决定一个国家的成败。

当然,国情不同,中国不可能像新加坡当年一样拿英语作为自己的第一工作语言。我们很庆幸,汉语是全世界使用人口最多的语言,但是也要清醒地认识到,英语是世界上使用区域最广的语言。就我们自身的语言教育而言,最需要做的是更早、更快、更纯熟、更标准地掌握自己的汉语,推动汉语的规范化、标准化,同时也要加强对外汉语教学,推动汉语世界化。

我们必须认识到，我们的语言教学对汉语的节律规范和要求还远远不够。在现代汉语相关的各类规范中，到现在都没有对于汉语节律的明确要求，这使得节律这一语言本质性的特征还远没有在汉语中发展成熟。

而语言的节律，是决定使用该种语言的人群思维品质的关键因素。如上一篇中所说，陆家祺教授觉得用英语阅读迅速方便而用中文进行阅读理解费力的原因——他掌握了更为纯熟的英语的节律。

有科学家认为引力波的本质也是节律，节律的改变会引起物质本质的改变。那么我们不妨有这么一个假设——任何一种语言的节律稳定性，对使用这种语言的族群发展是极端重要的。因为任何族群都需要借助语言进行思维活动，语言节律的改变会导致族群思维模式的改变，而思维模式的改变会带来这个族群生产能力、创造力的改变。

所以，从长远、根本上来说，通过诵读，即有节律的出声阅读和语言的节律内化，能改变人们的思维速度、思维方式、思维结构，并且进一步发展出一个族群的创造力。语言政策改变的不只是教育方式，还有思维方式，它还可以改变一个国家的社会阶层固化程度。

5 年前，我们把传导语言文字系统本身的价值作为阳光小学教育的四大核心价值传导之首，或为偶然，但幸甚至哉。

（2019 年 10 月 31 日）

7.
被玩坏了的经典诵读

从传承文化的角度来讲,我是坚决拥护推进经典诵读的,但是前提是诵读的文章要够经典,所诵读的文章应该代表一种先进的文化导向,有进取、积极、革新的潮流倾向,而不是松懈、委顿、守旧的靡靡之音。

从教育的角度来讲,我却是因为诵读这一学习方式,才更拥护经典诵读。因为只有通过诵读,才有可能真正让学生体会语言的节律之美。前面谈到传统文化被一些人刻意玩坏了,其中就包括一个被玩坏的项目——经典诵读。眼下的经典诵读经常被"玩"成这种情景:

让一个个学生穿着汉服,打扮成垂髫童子的模样,用拖沓的腔调、不符合语言内涵的节奏、突兀刺耳的音高摇头晃脑装腔作势地唱读——关—关—雎—鸠,在—河—之—洲……

或者是使用各种方言,无视主谓宾定状补各种语言成分间的关系和诵读时应有的快慢差异,无视语言表达的逻辑重点,只顾摇头晃脑,随意变化调值,强弱无序、长短飘忽,还标榜为"古语吟诵"。

　　真希望我国的语言政策被贯彻得更彻底一些。推行经典诵读，就应该以标准普通话为载体。用标准的普通话，采用合乎规范的节律，应该成为经典诵读的前提，在此基础上不断探索更加合理的语言节奏，推进普通话节律的标准化、国际化。

　　说到这，引用傅雷家书中的一则告诫语：

　　　　《古诗源选》《唐五代宋词选》《元明散曲选》，前面都有序文……谈词、谈曲的序文中都提到中国固有音乐在隋唐时已衰敝，宫廷盛行外来音乐；故真正古乐府（指魏晋两汉的）如何唱法在唐时已经不可知……换句话说，非但现时不知唐宋人如何唱诗、唱词，即使知道了也不能说那便是中国本土的唱法。

　　国家推动经典诵读，不是为了恢复古音，更不是为了图个热闹。而是为了以现在的官方语言为传播媒介，让我们体会语言的发展脉络，感受传统经典文字中流露的传统语言节律，吸收传统经典中蕴含的概念、价值判断，领悟传统经典对天地人事物的观察和思考方式。所以，经典诵读要带领学生人人读，用普通话读，有选择性读，用规范的语法读；引领学生在掌握语言节奏的情况下读、放声读。之所以称为"诵读"，是因为多读读经典文章会自然成诵，而不是自造节律、生搬硬套、哗众取宠。

　　语言和语言政策，对于国家政治和经济的作用是如此重要，影响着民族的品格和创造力。我们在沉淀"阳光基因"的学校办学理念中提出把传导语言文字系统本身的价值放在第一位，就是因为语言文字系统不仅仅是学校教育的工具和媒介，更是教育的核心价值所在,是锻造学生思维特质的根本途径。

诵读在语言文字教学中的地位尤为重要,绝不可走上歪路。

（2019 年 11 月 1 日）

8.

沉淀"阳光基因"，落实出声朗读

这些年，在阳光小学，我们反复强调要出声朗读。我们提出，每个学生在一、二年级必须完成 20 万字以上的出声朗读量，按每秒钟读 2—3 个字计算，每天平均需要出声朗读 10 分钟。通过不断的出声朗读训练，尽快让文字转化为学生的有声语言，表现为语言节奏。进而通过高频率的语言节奏训练，让学生更快地完成从前运算思维到具体运算思维的转变，促进学生抽象思维更快地发展。

为此，我们强调，早读课一定要读书，要大声读，学习有节律地读，不拿腔拿调、拖泥带水；要多进行个人读，少一些齐读；要先训练指读，完成 20 万字左右的指读训练量后再训练扫读；坚决杜绝把早读时间用来讲解知识的现象。

我们不断倡导一项优先行动——家庭作业优先完成读的训练。

我们还大力推动经典诵读。我们制定了从一年级到六年级的经典诵读书目：一年级读《孝弟三百千》（节选），二年级读《声律启蒙》《笠翁对韵》，三年级读《增广贤文》《幼学琼林》，四年级读《学庸论语》（节选），五年级读《孟子》《诗歌词曲选》，六年级读《老子》《庄子》《古文选》。这些经典诵读的篇目,都是自带声律、节奏的韵文、律诗、词曲。通过经典诵读,我们不但可以增加学生的阅读量,帮助学生体会文本的意蕴思想,还可以帮助学生促进语言节律的内化。

苏霍姆林斯基在《帕夫雷什中学》一书中也指出,小学低年级(1—3 年级)的孩子,要经过 80 万字以上的出声朗读,才能够为后续学习奠定基础。这是一个庞大的数字,对比起来,我们定的目标还太低了! 在一、二年级就先以出声朗读 20 万字为目标吧,再辅以有节奏地进行经典诵读,这些能够全部做到,也已经很不容易。

出声朗读是一味良药,它除了有训练记忆、积累知识、传承品德、沿袭传统、训练语言节奏、增强思维品质等功能之外,还有一项功能——治疗粗心大意的毛病。很多家长会把中高年级孩子在学习上犯的简单错误定性为粗心,其实绝大部分的粗心是因为阅读精细度不够,是读题目看文字时的跳跃性太大,领会意义不精到。

所谓粗心的习惯,大多是孩子在小学低年级时出声阅读量不足形成的。

(2019 年 11 月 2 日)

9.

令人着急的词汇掌握量

"语言都学不好,这个学生怎么算是聪明的呢?"这句话,是在谈到新加坡分流教育制度时,给我们上课的陆家祺先生在不经意间说出的。

新加坡最被广为关注的教育制度,就是分流教育制度——从小学阶段开始,其就根据学生的学习能力,通过国家考试,把学生分成一个个不同的源流(快捷源流、普通学术源流、普通工艺源流),学生按照不同源流进入不同的中学、大学,被安排不同的课程、学习进度。这项制度从 20 世纪 80 年代初起实施,至今已经近40 年。虽然新加坡 21 世纪教改内容提出今后还要逐步改善这项制度,但不改其根本。

这项制度设计的核心是:在小学四年级进行中期分流,在小学六年级进行国考分流。小学四年级的分流主要围绕双语水平,将学生分流成不同课程的学生,修读不同模式的双语课程。普通水平的学生将英语作为第一语文,汉语作为第一语言;基础水平的学生将英语作为第一语文,汉语只作为应熟练掌握的口语。可以这么说,第一次分流主要是围绕孩子的语言学习水平展开的。新加坡人似乎都接受这么一个推论——语言都学不好,这个孩子怎么算是聪明的呢?

新加坡小学六年级的分流国考,重要性接近于中国的高考。从小学六年级开始,新加坡就给每个学生今后的求学道路制定轨道。这实在是个大胆的设想,虽然一开始广受各国教育学者的声讨,但新加坡却以严谨务实的态度坚持了近 40 年,并不断改进创新,硬是做出了让世界瞩目的成果,成就了今日新加坡相对宽松的小学、因材施教的中学、务实高效的大学的教育格局,成为世界教育制度设计史上的典型成功案例。

再看新加坡小学四年级的分流,语言学习能力是其核心指标。数学、科学学科分流后分为两级教学(普通级、基础级),而语文学科分流后却分成三级教学(高级、普通、基础)。语言学习可以作为学生分流的关键依据吗?语言学习能力强的学生智商就高吗?——"语言是思维的外衣",不管你信不信,新加坡小学四年级分流的结果,绝大部分取决于语言学习的情况!

目前,我们在小学阶段大力推行的是大量识字、提前阅读策略,表面看来,学生早期识字量多了,但是其语文能力真提高了吗?未必见得。

近两年来,我们连续对全校学生的识字量和词汇量进行了过关检测。分析发现,尽管一些班级学生的识字巩固量相差不大,但是班际之间的词汇掌握量却差异巨大:掌握量低的班级,生均对一个字的有效组词量不到 4 个;高的班级达到 8—10 个。语言能力的差异由此可见一斑。

必须重申一项认识——汉语的基本语意单元不是字,而是词语。这与英语学习不一样。学习汉语,仅仅大量识字是不够的,必

须同时提前积累大量词汇。因此,有几点常规工作必须落实:

——词语卡片必不可少,学生应该人手一份,日积月累,常读常记。

——进行大量课外阅读,落实好词好句摘记。出于效率的考虑,更主张好词多摘一些。好词多摘,好句自来。

——看书不等同于阅读。如何进行阅读,如何进行阅读摘记,需要有序指导。老师需要从学生的视角教给学生摘记的方法技巧,不能只停留于一个要求、一句指令。老师对学生多进行一些摘记方法上的指导,就能少一些怒其不争的郁结,多一分静待花开的惊喜。

虽然我国在现行教育制度下不会在小学四年级进行学习能力分流,但是,学生学习能力的分化客观存在。如果有什么秘诀能让学生在这场客观存在的学习能力分流中立于不败之地,我想很重要的一点就在于要极大地丰富学生的词汇量。

阳光小学的词汇量过关检测实施方案已经基本成熟,只要得到全体师生、家长的普遍重视,我们就能抢占先机、优先发展。

(2019 年 11 月 2 日)

10.

书写教学和"明眸工程"

当前,学生的近视率令人担忧。各地纷纷开展了"明眸皓齿"工程,许多地区把病因定在教室光源不足,并投入大量资源更换光源。

诚然,光源不足可能是部分原因,但是课桌椅配置的不合理和书写教学的不足可能是更为重要的诱因。

2年前,我去北京考察一所学校,立马被其教室里的课桌椅吸引了。只见这个六年级的教室里的课桌椅,远比我们习惯见到的课桌椅要低很多,桌子的抽屉特别薄,几乎放不了什么东西。一大帮学生坐在教室里,一个个把背挺得笔直。

对方校长介绍:绝大部分学校的椅子太高,孩子的脚板悬在半空,上课时经常因为甩腿而分散了注意力。所以椅子的高度要跟膝盖到脚板的高度一致。抽屉薄,是因为既要确保腿部的活动空间,又要确保坐着时手臂自然下垂后肘关节离地的距离刚好是桌子的高度。

我尝试着去座位上体验了一下,才算发现了这个课桌椅的妙处。桌子矮了,手臂要尽量下垂才能触到桌面,背自然就挺直了,胸部也自然不容易靠着桌沿了,读书写字自然也没法趴着了,眼睛跟笔尖的距离自然就拉开了,这确实是最好的读书写字的姿势。

放眼今日新加坡的教室,学生的课桌椅的设计也更加符合人体工程学,课桌椅高度配置也更合理。这对学生视力的保护,起到了关键性的作用。

此外,书写的姿势,对保护视力也有举足轻重的作用。一些孩子握笔位置太低,眼睛看不到笔尖,书写时需要歪着头侧着看笔尖;一些孩子运笔时笔尖朝手心,书写时需要低头找笔尖;一些孩子手腕僵硬,严重影响书写速度……这些都严重影响了孩子的视力健康。

书写能力需要一步一步提升,这是一个循序渐进的过程。一年级刚开始的时候应要求孩子写慢一些,每分钟能够端正写好2—4个字即可,要着重培养孩子良好的写字姿势、握笔姿势,做到头正、身直,手腕要放松,手指要灵活转动,把笔顺写正确。到二年级后再要求逐步提升写字速度,每分钟能端正写好8个字左右,这样才算书写能力达标。

书写姿势不仅影响视力发展,同时也直接影响学习的成效。目前,阳光小学学生书写能力过关检测实施方案已经基本完成,学生书写姿势、握笔姿势在过关考核中占比将超过50%,书写笔顺、工整美观度、书写速度均纳入过关检测。对于不能过关的同学,学校将进行补测,直到其过关。

相信随着学校书写能力过关检测工作的深入,全体阳光学子的书写姿势,将得到进一步矫正,其书写工整美观度、书写速度将会得到进一步提高,这不仅能进一步遏制近视发病率,还能为孩子终身发展奠定扎实的根基。

（2019 年 11 月 2 日）

11.

教师的专业精神——追求卓越

一堂课上,陆家祺教授问大家:"教师职业的本质特征是专业精神,你们认同吗?"

有学员不同意,认为仅仅有专业精神还不够,还需要学会合作、参与社会实践等。陆教授笑了,说:"你说的几点,在新加坡属于教师的专业精神范畴之内。"他还向我们介绍了新加坡要求 21世纪专业教职人员具备的五大特质。

第一是知识。要具备学科内容、教育学、课程、教育基础与政策、自我、学生、社区、多元文化、全球意识、环保意识 10 个领域的知识。

第二是技能。要具备反思技能、教学技能、人事管理技能、自我管理技能、行政与管理技能、沟通技能、促进技能、技术技能、创新与创业技能、社会与情绪智力。

第三是要有以学生为中心的价值观。要有同情心,相信每个学生都有学习的能力,承诺培养每个孩子的潜能,要重视多样化的文化。

第四是要珍视教师的身份。要追求卓越,自带高标准;有探究精神,不断学习探索,力求上进;有高度适应性与韧性;有道德和专业素质。

第五是要有对行业及社区服务的观念。要进行协作学习与实践,建立师徒指导关系,参与、履行社会责任。

新加坡教育在全世界以务实著称,以上5点都有具体工作举措相对应,所以其义务教育阶段教师工作压力之大、要求之高,远超我们想象。在其小学阶段,每个老师的每周课时量一般在30节左右,英语、母语、科学、数学学科为考试科目,单教语文科目的话,一般需要任教4—5个班,其他教师至少需要任教2门学科。每个老师还必须具备高阶学科课程能力,要能开出一门以上课外活动课程,在运动、表演艺术、社团活动、制服团体中选择擅长的一项任教。不会上,那就到教育学院继续学习;坚决不上的话,那年度考核就会被评定为不合格,不能晋级,拿不到年底的政府花红。

遂想起一个教研员的调侃:如果一所学校的很多学生去社会上的培训机构里学作文,是不是说明学校里的老师不会教作文?

此话不尽然对,但也不是没有道理。

“因为我不会,所以我不要干”这个逻辑,在国内一些地方的教师队伍中普遍存在。于是,写字课需要专业书法老师教,朗读课需要播音主持人教,数学思训需要专业教练教……

以写字教学为例。一边是语文课堂上停留在表面,教不扎实,甚至连教材也淡化了笔顺教学,越来越多的孩子写个“口”字都是先写一竖再画个半圆;另一边是学界在呐喊要开更多书法课,出专门教材,建单独队伍,创各类“墨香校园”。为何会出现这种局面?或许因为语文课上的写字教学更重基础、更花工夫却出不了大精彩,创不了大新奇;而再起炉灶就可以另占山头,博眼球、抢资源、霸地盘。于是,单独设这个那个课的提法此起彼伏。这种提法的逻辑基础是"你不会,我来",本质上是细分学科,就如商场中细分市场。

问题在于,如果上述逻辑成立,语文教学之外是不是还应该开设演讲表达课、朗读课、阅读理解课、写作课?语文课如果在基础教育中就细分学科进行教学的话,那高等教育还细分什么呢?

所以,在新加坡,"因为我不会,所以我不要干"——不行,"你不会,我来"——也不行,其基础教育的性质、发展方向,都要求义务教育教师做到"因为你不会,所以你要学会"。当然,政府有责任创造条件让你学。这就决定了新加坡义务教育教师专业精神的核心始终定位在"追求卓越"。或许也正是因为这样,新加坡中小学教师才会成为国家高级公务员。

想起一句话——一个不想优秀的老师,早已不优秀了。

(2019 年 11 月 3 日)

12.
强记是一切学习创新的基础

不知从什么时候起,"死记硬背"这个词被贴上了机械学习的标签,变成了落后教学方法的代名词,似乎只要让孩子死记硬背点东西,就不是素质教育了。家长们要了解孩子在校的学习成效,往往第一句就是问"上课专心不？老师讲的都能听得懂吗?"只要孩子回答都能听得懂,家长就长出了一口气。很少有家长问孩子:老师要求你记的都记住了吗?

4 年前,有一个朋友很焦虑地找到我——他的孩子刚在某校上小学一年级,对学习很抗拒,不想去上学。经过细问,原来是其孩子所在的班级要求背诵《笠翁对韵》,老师要检查。几次检查到他的孩子,孩子都不会背,于是孩子就抗拒去学校。朋友夫妻俩都是重点大学毕业,自觉遗传基因应该没问题,故而很是着急。

我便问他:"其他孩子都会背吗?"朋友说,老师要求背诵的其实也不多,只不过他认为反正孩子也读不懂《笠翁对韵》,背下来没什么用,有时候就没要求孩子强记,想不到会出现这种结果。

当时,我模糊地给了他 2 个建议:

——彻底搞清楚为什么别的孩子会背而你的孩子不会,是没有练习还是真的记不住。如果真记不住,那说明你的孩子记忆能力或者记忆方法有问题,需要训练。

——永远不要认为不理解就不用记。同样作为智力因素,记忆能力从不比理解能力次要。记忆力如硬盘,是内存,而理解力如CPU,是运算。回家第一件事不要总问孩子"你听得懂吗?"更要多问问"你会背了吗? 你记住了吗?"

今日新加坡推动创新教育,选用的理论基础是美国学者 R.J. Marzano 提出的学习维度和思维技巧理论。该理论认为所有创造性思维的第一硬核是强记、收集信息、对焦,即首先要获取及整合知识(如图 1),而这靠的是强记。强记,是一切创造的基础。

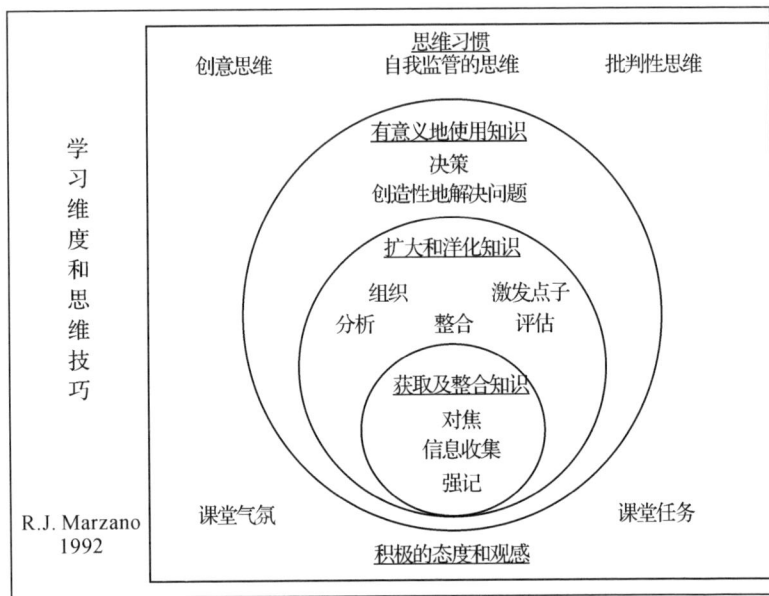

图 1　R. J. Marzano 的学习维度和思维技巧理论

　　王国维写《人间词话》时，列举前人诗词从来都是信手拈来。其中个别举例虽与原文偶有出入，却更印证了他不是一个靠临时翻书的搬运工，靠的是学富五车、博闻强记，他自己就是"行走的图书馆"。

　　《中国诗词大会》第一季结束后，有人统计了北京大学"五四文学社"近几任社长背诵的古诗数量，多的超过 3 万首，少的也有 1 万多首。每一个成功的大脑背后，怎么可能没有大量的内存为基础？

　　新加坡是怎么训练学生强记能力的？以新加坡孩子的汉语学习（相当于我们的孩子学英语）为例，他们最常用的方法是分角色表演。演课本剧，一句句复述课文的内容，继而内化。他们使用最多的工具书是《词语手册》，其内容包含词语解释、例句、构词、字辨、搭配等，比我们使用的字典还要丰富多样，它给学生提供了有效的联系实际意义记忆字形、联系形近字辨析词义的方法，值得我们学习。

　　当前，我们最需要在不断翻新的语文教改潮流中，坚持保留一些行之有效的语文学习方法。回顾一下阳光小学教育的"二十四节气歌"：

　　　　一年级——学拼音、勤识字、懂规矩、听号令
　　　　二年级——重书写、练运算、强记诵、成规范
　　　　三年级——首阅读、重积累、抓英语、促管理
　　　　四年级——求速度、拓兴趣、要习惯、达自理
　　　　五年级——练表达、熟读写、重思考、强体魄
　　　　六年级——成技能、讲文明、求进步、磨意志

　　一、二年级要勤识字、强记诵，我们还是强调要多一些"死记硬背"。不要太相信"超级大脑"，"巧言令色鲜矣仁"，强记是一切学

习创新的基础。只有多训练,边识记边阅读来强化联系,才能不断提升记忆品质。

(2019 年 11 月 4 日)

13.
"自宫"了的汉语语法教学

有这么一段前尘往事。

1904年，湖南省派范源濂带领12名女生到日本留学，在东京实践女子学校接受教育。此时，章士钊刚好在日本实践其"苦学救国"之路，谋以教育振兴国运。于是范源濂便趁章士钊在日本进修英文的同时请他也教这些学生国文。章士钊从"英文文法之精严"中受到启发，觉得"吾国文者，固亦当以是法驭也"，于是借鉴英文文法为国文典籍做出诠释。

这批学生因此而触类旁通，遣词造句都遵循文法规则，很有进益，没多长时间，文章大有起色。这使得章士钊越发觉得教国文不能没有文典，于是他利用生病住院的时间，在日本东京长兴胃肠病院写了一本书——《中等国文典》。汉语语法最早使用"词"这个概念术语，就是源自这本书。①

语法之于汉语，远没有金石训诂学那么发达，也似乎历来不受待见。章士钊先生算是在近代开了一个很好的头。今人本应不断

---

① 张冠生：《纸年轮：民国以来百年中国私人读本》，广西师范大学出版社2014年版，第22—24页。

总结经验积累规范,推动汉语精准化、规范化进程。可令人讶异的是,在今天我们的基础语文教学中,语法几乎已经被淡化到无影无踪,甚至出现了将"的、地、得"统一用"的"的论调,亦即语句中定状补成分都不用区分了。反倒是在英语教学上,单数、复数、可数名词、不可数名词、形容词、副词、系动词、时态、句式等语法规范,一一要求学生掌握精严。

一边在呼吁汉语的国际化,一边却将基础汉语教学做到几乎去语法化的地步,真不知道是汉语教育的幸事,还是汉语教学的悲哀。虽然英语语法体系严谨、历史悠久,但现代汉语语法也不是无迹可寻,其体系也不可谓不完整。这种现象的出现,套用一个热门词,就是典型的文化不自信。

因为章法教学不足,中考、高考尽是格式化的套路文章,学生严重缺乏结构文章的能力;因为句法学习不足,学生表达内容时逻辑松散、成分缺失、不知所云;因为词语、短语类型不明,学生朗读时节奏不稳定,缀词、连词、介词、副词、方位词常被误读重读(绝大多数应为轻读),逻辑重音不明确,传情达意多谬误,语意表达明暗混乱,语言信息传递过程中常出现关键要素丢失。

单从语言的节律这一特征来说,就产生了诸多教学问题。如词语的轻重格式规范没有被纳入中小学语文教学,不同类型词语的节律特点不为语文老师所掌握,学生读字词没有变化,一调到底;不同短语类型的节奏特征没有被纳入教学,导致老师对逻辑重音、语法重音的把握游移不定;句子的层级结构没有被纳入教学,造成停顿随意,语意被肢解,使用比喻、夸张、对比、拟人这些修辞手法后形成的语言节律特点无法被领会……。

没有了语法教学这一基础,汉语语调教学也就成了无源之水、无本之木。一些基础性、常识性的规范和要求，如稳定字调、丰富句调，也就无法落实到日常汉语教学与训练之中。

当前，非但中小学语文教学中弱化了语法教学，甚至中小学语文教师的继续教育也几乎没有现代汉语语法、修辞专项培训项目，更别说把这块知识作为必修的继续教育项目进行教师能力的全面提升了。

反观新加坡的汉语教学，在词语辨析、连词成句、作文片段训练方面，对语法的重视反而比我们更甚。比如其现行小学三年级配套的一本《学好造句》练习中，就分设按句子成分造句、使用不同关联词造句、添加定状补成分扩句等专题训练，虽然没有使用语法术语直接进行教学，但是语法规范的渗透却非常到位。（如图1）

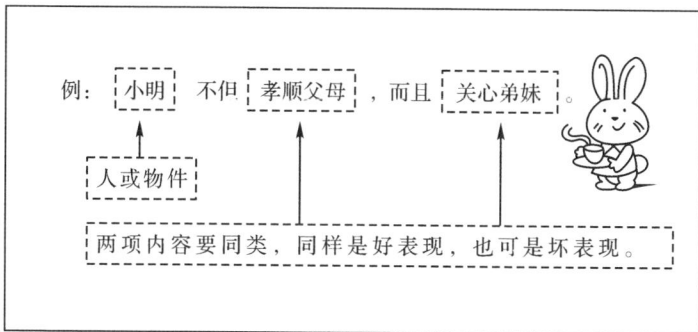

图1 新加坡配套教材中的"使用'不但……而且……'训练造句"

少了语法训练的汉语教学，是语文教学流俗、浅表化的诱因。没有语法教学这个"规矩"，何来汉语语音、语意系统深入稳定发展的"方圆"？教师的专业化也因此大打折扣，汉语的国际化更是无从谈起。

这真是"自宫"了的汉语语法教学。

（2019 年 11 月 5 日）

14.
被忽视的语言法律法规

新加坡重汉语教学，但其在汉语教学的法规制定上，却不怎么当一回事。据有关记载，李光耀不主张制定新加坡版的汉语词典，不主张使用繁体字，也不出台规范。在他看来，既然联合国都已经确认汉语为官方工作语言，新加坡就没有必要另起炉灶劳民伤财。

1964 年，中国发布《简化字总表》，此后新加坡就亦步亦趋在全国推行简化汉字，所以至今新加坡的汉语教学全部使用简化字，而其几十里之隔的印尼华人，使用的却是繁体字。新加坡人毫不掩饰对李光耀的崇拜，无论是学生、教授，还是一般工人，他们都把李光耀称为"从后 100 年穿越回来的人"，认为无缝对接简化字是因其在 50 多年之前就已经看到了中国今日之崛起。

毫无疑问，新加坡是对外汉语教学"走出去"的桥头堡，也是最紧跟我国进行汉语规范化建设的国家。这次访学中的课程，新加坡特意安排全程使用汉语教学，授课老师有老、中、青三代华人，从课程中可以窥探到新加坡汉语教学与应用的现状，可以发现其对汉语体系标准化建设的迫切需要，更能找到我们在推进汉语标准化、国际化工作中的不足与隐忧。

——汉字标准字库建设亟待加强。如图 1 中"与""置"等字的笔画对应关系、交接关系与现行汉语标准字库出入较大,但在新加坡使用较为普遍。

图 1 "与""置"字

——标点符号系统使用随意。逗号、顿号、引号、书名号使用仍比较混乱,特别是涉及标点符号连用的时候,更是状况百出。

——汉语词汇量渐趋贫瘠。一些中文老师经常找不到合适准确的词汇表达意思。新老华人群体在使用普通话的时候,语调、节奏的差异在拉大。

事实上,新加坡在汉语教学及使用上出现的状况,折射出的正是我们对语言文字规范化工作推进的诸多不足。究其根本,在于我们对语言文字相关法规和国家标准执行不到位。

学校作为推广语言文字工作的主阵地,本应该是加强语言文字规范化的急先锋。但是,我们真的严格执行了相关语言文字规范了吗?

不在少数的语文老师,不能区分《汉语拼音方案》中的声母、韵母与小学语文拼音教学中的声母、韵母两者的区别和联系,弄不清小学拼音教学为什么要减少单韵母数量、设立三拼音节,更不能明确两者之间的联系。

鲜有语文老师能够掌握汉语词汇的轻重格式规范,对标准字库更是知之甚少,对《出版物上数字用法》《中国地名汉语拼音字母拼写规则》《中国人名汉语拼音字母拼写规则》闻所未闻,对天天使用的汉字在排版时需要遵循怎样的规范也不知晓,连基本的偏旁部首名称、标点符号使用也是大量出错,对汉语该如何执行语法指导下的节奏、停连规则,也多凭个人主观臆测。这就造成汉语作为一种国际语言,在国际化推广中规则上的混乱与不成熟。

忽视语言文字相关法规的执行与推广,或许跟当前的教育教学太重功利性有关。语言文字的基本规范侧重执行、推广,不需要什么创新,达不到标新立异的改革效果,加之考试不怎么考到,所以鲜有问津者。

当前,教育的不务实现象有所蔓延,哗众者多,问道者寡。教育投机现象不断抬头,一些教改新思潮未经试验便已投放市场,不讲务实、不求继承、不重规律但求新变的教研作风,在一定程度上改变着教育大环境,破坏着基础教育的务实与高效。

太重功利性,就容易瞎折腾!

(2019 年 11 月 7 日)

15.

新加坡数学教育的体验教学之路

11月5日,访学组迎来了蔡文亮博士的课——"新加坡的数学教育"。蔡博士曾长期从事新加坡中小学的一线数学教育,通过不断的进修学习,他目前担任新加坡国立教育学院助理教授。

对照了一下课表,这是本次访学课程安排中为数不多的学科教学专题课,对我们深入了解新加坡数学教学的框架设计、教学方法、数学实践活动,是一个很好的机会。

蔡博士首先介绍了新加坡的数学教育框架。从小学一年级至四年级,新加坡所有小学生使用共同的数学课程大纲;五、六两个年级,学生被分流为普通数学和难度较低的基础数学两类进行教学。其中学习基础数学课程的学生约占10%。

小学六年级毕业后,新加坡学生会迎来学习生涯中的第一次国考——小学离校考试。前段约60%的学生到中学学习快捷课程,学制4年;中段约30%的学生学习中学普通学术课程,学习4—5年(优秀的可以在完成中学第一年后申请快捷课程,差的可以多学1年或者进入普通工艺课程学习);末段约10%的学生学习中学普通工艺课程。绝大部分学习基础数学课程的学生进入中学后学习普通工艺课程。

"被分到基础数学课程的学生家长会不会有意见?"

"如果五年级时数学成绩提高了,六年级能重新学基础数学课程吗?"

"其他如语文、科学学科也在小学五年级时开始这样的分流吗?"

同行的校长纷纷提出质疑,大家对新加坡实施学科分层教学的步骤、策略都十分感兴趣,尤其是对分层教学制度上的顶层设计赞赏有加。课间大家围坐在一起,讨论当前各自学校的分层教学进展情况,慨叹新加坡教育"人少好上菜,船小好调头"。

之后,蔡博士以分数除法这一知识块的课程设计和教法为例,分享了新加坡数学教育的体验教学之路。分数除法在新加坡的数学教材中被安排在小学四年级,而在我国现行的教材中一般被安排在六年级。如教学 $\frac{1}{2} \div \frac{1}{4}$,新加坡会要求每个学生利用如图1的图形进行直观感受,体验运算过程;再如 $\frac{3}{4} \div \frac{5}{8}$,会要求学生利用如图2的图形进行感知。

"那么,分母如果不是成倍数关系,又该怎么画呢? 按照这种思路是不是要先通分然后再画呢? 教材是不是按照这个思路编写的呢? 要是分母超过10,画起来就很麻烦了,是不是还是得抽象化? 这样看来我们中国的教材设计和教法选择比你们好……"

同行的浙江省数学特级教师、杭州市富阳区富春第三小学校长吕立峰马上提出了自己的意见,一场基于不同理念的关于数学教材知识体系设计优缺点的讨论由此展开,为全体访学组成员奉献了一场思维的盛宴。

10x10 square grids

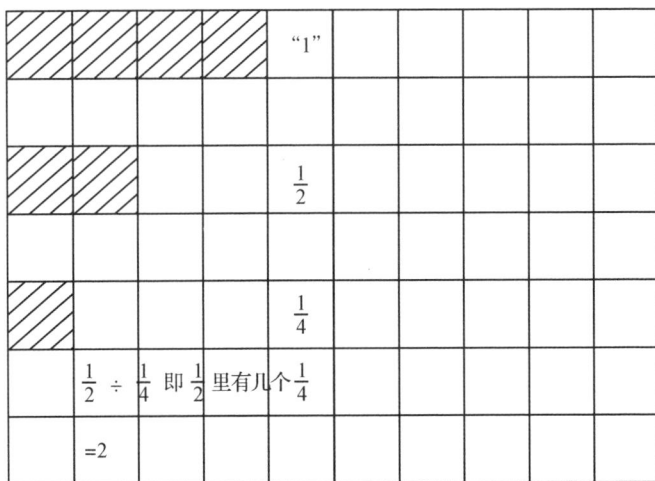

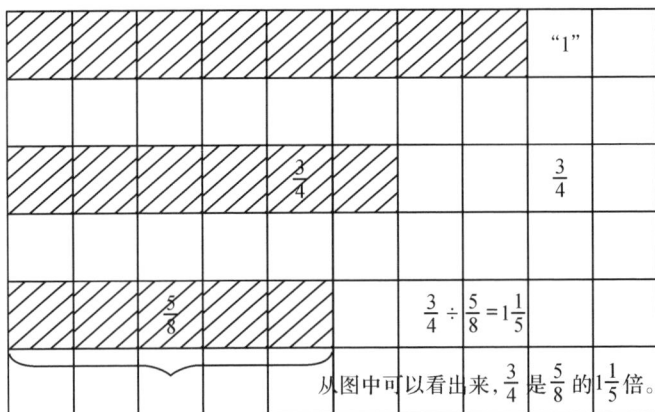

"1"

$\dfrac{1}{2}$

$\dfrac{1}{4}$

$\dfrac{1}{2} \div \dfrac{1}{4}$ 即 $\dfrac{1}{2}$ 里有几个 $\dfrac{1}{4}$

=2

图 1 $\dfrac{1}{2} \div \dfrac{1}{4}$

10x10 square grids

"1"

$\dfrac{3}{4}$ $\dfrac{3}{4}$

$\dfrac{5}{8}$ $\dfrac{3}{4} \div \dfrac{5}{8} = 1\dfrac{1}{5}$

从图中可以看出来，$\dfrac{3}{4}$ 是 $\dfrac{5}{8}$ 的 $1\dfrac{1}{5}$ 倍。

图 2 $\dfrac{3}{4} \div \dfrac{5}{8}$

　　随后,蔡博士还介绍了新加坡当前初中数学教学如何突出解决现实情境中的问题,如何在数学考试中落实考察学生的数学推理、数学交流能力,以及新加坡 2020 年的数学课程会有哪些变化。

　　一言以蔽之,新加坡的数学教育建立在丰富学生的数学学习体验的基础上,对如何丰富学生的直观体验,有着行之有效的实践方案,让学生对数学有更深入、更扎实的理解;其结合实践经验的体验式建构教学法,确有独到之处,值得借鉴。

(2019 年 11 月 6 日)

第二辑

务实求真

1.
新加坡教育的实用至上

或许只有在新加坡,你才会处处感受到什么叫实用至上。

作为一个国际花园城市,在这里你却看不到什么花。无论是在樟宜国际机场的迎宾道,还是在各大公园、住宅区,清一色的绿化就是草皮与大树。偶尔见着几处开放着的花,也几乎都是散养的三角梅,它们从不被栽种在花盆里,更不曾被修剪得妖娆别致,只是在足够的土壤中,能长多少叶就长多少叶,能开几朵花就开几朵花。

少种花、多种树,据说这是李光耀的主张。他认为一棵树在净化空气、涵养水源方面的作用数倍于同等面积的花草,且更节约劳动力。新加坡道路两旁的行道树大都是三四十年树龄的大树,其中有一种树被当地人称为"雨树",它白天伸枝展叶遮天蔽日,一到晚上就合拢叶子储存水分,清晨就在初阳下展开叶片,洒下点点水珠,甚是招人待见。

实用主义一旦成为民族习性,往往会产生可怕的能量。新加坡就这么一个弹丸之地,不出产石油却出口石油,没有天然淡水资源却可以出口饮用水;仅凭 719 平方公里左右的国土,561 万人口,到 2018 年,新加坡人均 GDP 达到 6.45 万美元,超越美国,是英国、以色列的 1.5 倍以上,把日本远远甩在身后。

新加坡的许多国策,都有鲜明的实用主义烙印。不养懒人政策——强调只有先参加工作才能享受教育、养老、医疗、住房等社保福利,确保全国全民就业,以提高政府财政收入,减少社会开支。退休没有退休金——未缴满最低数额不能退休,设立公积金特别户头、保健户头用于养老、医疗等。

新加坡教育政策更具务实特色,学习能力分流制度就是其中的代表。在小学四年级,要根据学习能力差异进行母语、英语、数学、科学学科教学分流(母语分流成高级、普通、基础三类,另外三科分为普通、基础两类)。通过分流,把约前 10% 的学生筛选进入精英课程班加速培养,后 10% 左右的学生要进入基础课程班学习,降低该学科教学难度,放缓学科教学进度。

在小学六年级毕业就开展全国统一考试,让少数精英学生进入初中特别课程班,学制 4 年,学完直通高中;让约 60% 的学生进入快捷课程班,学制 4 年;让 25% 的学生进入普通学术课程班(一般学制 4 年,薄弱学生可申请学 5 年);让后 10%—15% 的学生进入普通工艺课程班,若在中学一年级结束后成绩提升或下降较快,还可在中学二年级提出跨课程班申请。

在中学四年级毕业再次国考,成绩好的(约 30%)可进入 2 年制初等学院,学完高中课程;成绩中等(约 30%—60%)的可进入 3 年制理工学院,学完高中课程;成绩较差者,可到工艺教育学院接受职业训练。学完高中课程后,就不再组织国家考试了,学生凭借高中成绩申请读大学,或者结束学业直接工作。所以新加坡没有全国统一高考,中学四年级统考之后,进什么样的高中、学什么课程、上什么样的大学，基本就泾渭分明了。

这样的制度设计务实之处很明显，从一开始就正视了学生智力分布的差异，充分考虑到学生在多元智能发展上的区别，在整个国民教育体系设计中，落实了分层教育、因材施教。让有能力的学生多学、快学、全面学，让能力低下的学生慢学、降低难度学、有选择性学。国家在确保中、高等学校教育资源的前提下，提早进行小学、初中国家考试，提早分流，让不同能力学生接受不同的学习要求，让每个学习者都形成寻找适合自己的教育的观念，为今后的社会分工打下了坚实的基础。

这样的制度设计也有漏洞，主要争论在于——学生是发展中的人，提早进行分流不尽科学；学生是多元智能的人，提早分流会扼杀学生的部分潜能。所以在分流教学实施之初，西方教育学者对此提出强烈批评。但是新加坡秉承自身实用至上的原则，不惧"扣帽子"，坚持并完善分流制度，从20世纪80年代初开始至今，历经近40年的巩固发展，形成了全民认可、世界公认的优秀的学习能力分流制度。

在巩固和发展学习能力分流制度上，新加坡坚持实用至上原则，见招拆招，招招制胜。一方面，坚持分流比例的稳定，让绝大部分学生找到适合自己的学习能力层次；另一方面，开设通道，让少数达到评定指标的学生在中学一年级能够升级或者降级学习，并且开设5年制初中，以解决家长及学界提出的学生学习能力发展的时间先后差异问题。

为了减轻分流考试后社会舆论给教师、学生和家长带来的心理压力，新加坡把最好的教师安排到差班进行教学，让被分流到差班的学生真正得到实际好处，让家长感受到分流后的差生在学习上更有兴趣、更积极主动。

为了切实提高分流后的教学效果,新加坡开始在全国推行教学法研究,大面积推进投入型教学法。每个教师都要学习使用该教学法,人手一份"硬核"教学法(如图1),每个教室都张贴,每个教师都要了若指掌。

图1 新加坡教室中张贴的教学法图案

为充分发挥学生的单项智能优势,培育学有所长的学生,近5年开始,新加坡在21世纪教改内容中提出要废除中学分流制,改用科目编班。所谓科目编班,通俗来讲就是在原来分流的基础上,快捷课程班的学生如果某学科单项能力不足,可到普通课程班就读,而普通课程班的学生若某学科专项能力拔尖,也可以到快捷课程班就读,打通不同课程班之间单项学科学习能力的晋升通道,给学生更灵活地发展他们的强项和兴趣的机会。

此外,为对应学习能力分流政策,新加坡还大力提高理工学院、工艺教育学院的建设水准和教育质量,高标准建立了五大理工学院、三大工艺教育学院,极大地提高了理工类学院的招生吸引力,大大强化了技能型人才的培养力度。当前不少中学毕业生就宁可放弃就读高等综合性大学而就读理工类学院。

纵观新加坡学习能力分流政策的制定、落实、完善、修正的过程,很容易发现其至简原则:效益至上,不推脱责任、不浪费生命、不耗费资源。

实用容易,实用而不虚夸却难,实用而不功利更难。要真正践行实用至上原则,需要决策定力、策略细化、继承发展,要做到目标明确、指向清晰、预期成果可见。要确保持有一颗平常心,不朝令夕改,不蹭热度,不争"网红"。

教育要一张蓝图绘到底,谈何容易!

(2019 年 11 月 10 日)

$2.$

实用而不油腻，很难

举个当下新加坡教育中很典型的例子，从中可以窥探到其实用主义教育哲学思想。

新加坡教育部为了大力实施品格和公民教育，强调培养学生尊重、责任感、坚毅不屈、正直、关爱与和谐的核心价值观，提出"德育在于行动"计划，由教育部在全国统一设立"教育储蓄品德奖"，对表现突出的学生由国家奖励 150 元新币（相当于约 800 元人民币）。或许某天某个学生偶尔扶老人过一次马路，就能获奖了。

这个举措在很多教育者看来是不可接受的。品德问题怎么可以用钱来解决呢？用钱奖励出来的品德行为，是发自学生内心的吗？难道就没有比用钱奖励更好的方法了吗？批评声滚滚而来，各界议论纷纷。如果稍微退却一步，这项制度恐怕就执行不下去了。

可新加坡仍坚持自己的教育主张。讲课的陆家祺先生说，政府是这样解释的：因为孩子还小，所有符合集体利益、国家利益的高标准道德行为都需要引发，必须引导人人参与，从小做起，而引发就需用奖励去刺激。既然必须去做，既然一支铅笔、一块橡皮之类的奖励已经逐渐失去效用,不如奖励钱。搁置争论,直奔目的,从这里,不难找到杜威实用主义教育哲学的影子。

新加坡从小学四年级开始分流,前10%的精英学生上直通车课程,甚至可以直接跳过"高考"上大学,是实用主义;不让所有的学生在小学、初中10年接受相同的教育,从国家层面进行"小六"分流、"中四"分流,在不同源流的学生中再进行分层(高级、普通、基础)教学,也是实用主义。

回观历史,我们从来就不缺乏实用主义教育理念。

在教育上,"因材施教"是实用主义,清末大儒孙怡让创办的瑞安学计馆(现浙江省瑞安中学前身)主张"甄综术艺,以应时需",用教育启民智,以实业救国家,也是实用主义。在经济上,"师夷长技以制夷"是实用主义,"洋务运动"是实用主义,"不管白猫黑猫,能抓老鼠的就是好猫"是实用主义,"空谈误国,实干兴邦"也是实用主义。

但我们真的贯彻了实用主义哲学精神吗?不尽然。

实用主义是一种信仰,是一个哲学流派,是方法论。冯友兰在《三松堂自序》中说:"实用主义的特点在于它的真理论。它的真理论实际是一种不可知论。它认为,认识来源于经验,人们所能认识的,只限于经验,至于经验的背后还有什么东西,那是不可知的,也不必问这个问题。这个问题是没有意义的,因为无论怎么说,人们总是不能走出经验范围之外而有什么认识。要解决这个问题,还得靠经验。所谓真理,无非就是对于经验的一种解释,对于复杂的经验解释得通。如果解释得通,它就是真理,对于我们有用。有用就是真理。所谓客观的真理是没有的。"

也就是说,实用主义建立在未来不可知的基础上,认为所谓客

056 | 雕刻"阳光"——中新教育比较下的小学办学实践与思考

观的真理是不存在的,一切客观,也都只限于经验。因此,一个实用主义者,对旁人的说三道四、吆五喝六,会坚定自己的立场,不会用未曾发生的经验(也包括想当然的客观)否定当下的探索实践。

实用主义真正落实起来很难。因为未来的不可知,反对者可以以现有的经验进行批判。由于不同群体的经验相左或者利益冲突,很多明明实用的举措往往会顶不住压力而被迫中途放弃,"行百步者半九十"。稍读我们的历史就会发现,只有在民族危亡、国难当头时,实用主义声音才会抬头,而一旦危机过去,天下太平,清谈之风便又盛行。中国历史上很多革新、变法以失败而收尾,根源于此;各种观念互相掣肘,内耗严重,亦根源于此。

我们的实用主义,往往多了功利与圆滑,是"油腻"的实用主义。

"苟利国家生死以,岂因祸福避趋之"是实用主义,"穷则独善其身,达则兼济天下"是"油腻实用主义";"令行禁止"是实用主义,"上有政策,下有对策"是"油腻实用主义";"科技创新是第一生产力"是实用主义,"土地财政拉动 GDP"是"油腻实用主义"。

回到教育,继承、革新行之有效的教材、教法是实用主义,空谈理念创新、没有实施路径是"油腻实用主义";立足人的全面发展是实用主义,追求一美遮百丑是"油腻实用主义";立足学校的系统变革是实用主义,过度追求学校办学特色、弱化系统提升是"油腻实用主义"。

曾国藩生平最痛恨的,就是这种"油腻实用主义",他在写给龙翰臣、刘孟容、黄子春的书札中提到:

"二三十年来,士大夫习于优容苟安,揄修袂而养煦步,倡为一种不白不黑不痛不痒之风,见有慷慨感激以鸣不平者,则相与议其后,以为是不更事轻浅而好自见。国藩昔厕六曹,目击此等风味,盖已痛恨次骨。(复龙翰臣)"

"国藩入世已深,厌阅一种宽厚论说、模棱气象,养成不白不黑不痛不痒之世界,误人家国已非一日,偶有所触,则轮困肝胆又与掀振一番。(与刘孟容)"

"国藩从宦有年,饱阅京、洛风尘。达官贵人,优容养望,与在下者软熟和同之象,盖已稔知之。而惯尝之习不能平,乃变而为慷慨激烈、轩爽肮脏之一途,思欲稍易三四十年来不白不黑、不痛不痒、牢不可破之习而矫枉过正,或不免流于意气之偏,以是屡蹈愆尤,丛讥取戾,而仁人君子,固不当责以中庸之道,且当怜其有所激而矫之苦衷也。(复黄子春)"

"优容苟安,揄修袂而养姁步""宽厚论说、模棱气象""不白不黑不痛不痒之风"是"油腻实用主义",误人家国。

而"以为是不更事轻浅而好自见""屡蹈愆尤,丛讥取戾""中庸之道"往往会成为实用主义者的最大绊脚石。

只有"慷慨激烈、轩爽肮脏""有所激而矫"才是真正的实用主义,才能成就中兴之名臣,才能把世道、人心导向正轨,才能挽国家于颓势。

所以,要做到实用而不"油腻",很难!

(2019 年 11 月 11 日)

3.

新加坡教育信念，一点都不油腻

一个国家的教育信念，犹如一个人的座右铭，是"优容苟安""宽厚论说""中庸之道"还是"慷慨激烈""轩爽肮脏""有所激而矫"，在于一种哲学思考后文化价值取向的选择。不同的座右铭，导向不同的人生态度；不同的国家教育信念，形成不同的国家教育生态。

新加坡教育的国家信念，简单直白，不遮遮掩掩，没有长篇大论，甚至不太强求逻辑上的严密完整，具体有以下 5 点：提供广泛而全方位的教育；双语教育是基石；优秀的教师和学校领导；善用资讯科技加强教学效果；家长的参与和支持

就这么多？没其他了吗？我试图再找找是否还有其他未及描述的内容，但最后确定，就只有这 5 点了。而且这 5 点内容都不指向结果，只指向过程，5 条信念，总起来就一个字——"干"。

这样描述国家教育信念，一点都不"油腻"，与新加坡务实的教育哲学一脉相承。但这 5 点信念背后的价值及其达成信念的努力和取得的成效，却令我们刮目相看。

"提供广泛而全方位的教育"，从目前来看，新加坡基本已经做

到了。新加坡从 1975 年实施《吴庆瑞报告书》的建议以来,已经完成了分流教学的核心理念和执行体系。新加坡的 21 世纪教改内容虽然提出要废除中学分流采用学科水平编班的模式,但是围绕学习能力分流教育的体制共识没有变,只不过为具有不同智能专长的学生学习提供了一条补充通道。无论是前 10% 的学生,还是后 10% 的学生,都已经得到了适合他们的教育资源。未来随着"'小六'会考采用等级制""中学及初等学院(2 年制初中)以能力导向招生""理工学院提前招生""在中学落实应用学习项目和生活教育项目"等举措的不断深入实施,该信念将被执行得越发到位。

"双语教育是基石",从目前来看,走岔了道。随着英语作为第一工作语言在新加坡的强势推广,汉语已经自然地退居其次。人们的思维方式、文化习性也随着英语的强势推广发生了改变,即便在国立教育学院里用中文教学的老师,他们的汉语水平也已经明显弱化,汉语远不如英语用得流利。他们不经意间就会用英语的思维讲汉语,如向左转会说成"转左(turn left)";他们不会清晰地分辨用"计划"还是用"规划",用"挑战"还是用"斗争"。在新加坡绝大部分的工作场所、公众场所中,已经淡化了汉语的使用。在赴新加坡规划发展局参观城市建设规划时,一批台湾同胞与我们共同讨论起新加坡汉语弱化的话题,彼此都有相同的感受。

当前,一批年过 60 的华人,由于没有学好英语,已经成了新加坡的弱势群体。他们因为语言弱势在今天失去了很多工作的机会,这是把英语作为第一工作语言后的今天,老一代华人不曾预料到的。

"优秀的教师和学校领导",从目前看,被执行得很稳健。新加坡近 10 年来在数学、阅读、科学等方面的 pisa 测试成绩连续稳居世界前列,令人不得不服。

"善用资讯科技加强教学效果",走得不急不躁,值得我们思考。首先,这是对教学法改进的极端重视的体现。新加坡重视真正用资讯科技加强教学效果,看重第三方机构(教学设备管理开发机构)评估资讯科技对教学成果的作用,并加以整合运用。其次,不能让教育成为推销科技产品的战场,更不能让教师成为科技产品的奴隶,坚决杜绝把某一项技术产品的单一使用频率作为评估教师教学成效的工具,防止某项产品绑架教师的教学法和能动性。这才是真正意义上的实用主义。

"家长的参与和支持"这一提法并不"高大上",但有其独特内核。虽然我们也在提,甚至提法更全面,但在新加坡,即便是在今日,学校校长、副校长仍有法律赋权可以对学生实施鞭刑,家长无权干涉。单从教育惩戒的实施就可以看出,我们仍言深而行浅。

家长参与是教学需要,家长支持是教育配套。有一套不"油腻"的国家教育信念,不惧非议,务实前行,方能达成使命。

(2019 年 11 月 11 日)

4.

新加坡教师的专业化之路

教师专业化有许多方向，可以是教学设计专家、教学组织专家、课程领导专家、教学研究专家、儿童发展研究专家等。

因此，一所学校教师的专业化发展，与这所学校的培养目标息息相关。一所学校要培养怎样的学生，会直接决定该群教师专业化发展的方向和需要。上升到国家层面亦然，国家对教师专业化发展的制度设计，也要看这个国家未来需要培养怎样的人，再辅之以系统的教师准入机制、后续培训机制和退出机制，才能谈得上教师的专业化。

新加坡要培养怎样的人？

引用新加坡《小学品格与公民教育课程标准》中的说法，他们要培养的是"具备新加坡核心价值观的，具备社交与情绪管理技能、知识与素养的，充满自信、能主动学习、能做出贡献、心系祖国的公民"。

在确定这个培养目标之后，具体如何培养？新加坡政府又一次充分发挥了其实用主义精神。首先，他们详细分解了在 21 世纪需要具备的关键能力——严谨思考以及解决问题的能力、沟通与合作的能力、创造力及创新力、数码素养、弹性与适应力、进取心与自我导向、社交和跨文化合作能力、领导力与责任心。

这与我们当前国内所提的关键能力有类似之处,但新加坡理解得更加务实和直接。

在确定要培养怎样的人、培养哪些关键能力之后,新加坡政府再统一委托国立教育学院和教师学院开展在职培训,来提升教师队伍的整体教育教学技能。先预设未来目标,再设计实施路径,使得新加坡教师的专业化能力培训更具针对性、实用性,充分发挥了其基于实用主义的教育制度系统化设计的优势。我们跟授课老师的几组问答很能说明这个问题。

——"新加坡的老师如果跟校长说,我不想写什么论文、参加什么课题研究,也不想参与社区活动,我只想把我的课上好,学校该怎么办?"

(陈亚凤博士)答:近年来,新加坡教师从大学毕业后一般要进入国立教育学院培训16个月,才能取得教师资格。这就相当于每个教师都取得了研究生资格。在资格培训中,安排了学科知识、学术科目、教育学、课程学、个人及专业发展项目、国际交流、学校实习、强化语言表达能力、多元文化的价值与不同、社区服务、研究等培训项目,从一开始准入教师就知道自己从事教育职业必须做什么,所以不存在教师说不要做的问题。

——"那如果有个别教师真的不适合教学、不能胜任工作,怎么处理?"

(陈亚凤博士)答:新加坡政府在为师范教育学院学生提供预备师资奖学金的时候,还会进行就业技能对口评测。如果确实发现有学生今后不能胜任教师工作,就会建议其转换行业。否则,一旦享受奖学金后不能胜任，教师需要按照协议赔偿奖学金，这对教师来说也是很大的负担。教师会很慎重地对待其就业技能对口测评结果及建议。

（林保圣，新加坡前教育科技署副署长）答：新加坡中小学老师是国家公务员。对于已经入职的老师，前 5 年一般做课堂教师，享受最低公务员等级。此后教师有 3 条事业跑道，一条是教学跑道，依次往高级教师、主导教师、特级教师、首席特级教师发展；一条是领导行政跑道，依次往科或级主任、部门主任、副校长、校长、校区督导、司长、部门司长、教育总司长方向发展；一条是高级专科跑道，依次往高级专科 1、高级专科 2、主导专科、首席专科、总专科发展。每条跑道的次序都对应相应的公务员级别，以前也称呼教师为××级教育官。真正不能胜任岗位被辞退的教师是很少的。

——"新加坡教师的在职培训效果如何？"

（陈亚凤博士）答：新加坡教育部给教师提供了多元化的专业发展机会。其中有配套激励和休假方案，如奖学金、贷学金和休假规定等，可以让教师进修大学本科、高等学位，学习与教育相关的课程如课程研究、教育政策等，还鼓励教师到学校以外的部门或机构挂职，以便获得新的体验、拓展视野。新加坡国立教育学院有优秀的教师和学校领导课程，如全职 6 个月的副校长课程，全职 17 个星期的学校中层干部管理课程等。新加坡政府认为每一个教师都应该是一颗宝石，只有这样，教师才可以更有效地培养学生 21 世纪所需的能力。

——"新加坡教师的年度考核怎么做的？"

（陈亚凤博士）答：新加坡对教师每年开展 2 次考核。根据考核结果，每个教师可以拿到 2—4.5 个月的年终表现花红（奖金），并获相应的级别擢升。

考核分 2 次进行。新学期开始,主管(一般为中层干部、副校长)要与所管理的教师共同设定工作目标。中期考核是主管对所管理的老师进行工作回顾和总结,针对其工作表现、专业能力和未来发展方向进行交流、讨论并给出建议。如果某教师表现不理想,就要明确指出并与之共商改进的方法。年终考核由教师根据已完成(或正在开展)的工作、专业能力、改进和创新、参加培训与专业发展、未来工作规划、未来培训与专业发展规划、改正缺点等内容填写考评表,交由主管给出评级及理由,提交校长办公大会集体讨论裁定。

裁定结果不需要对全体教师公开公示。新加坡公务员法规定,考核结果是个人秘密,不可以互相探听。新加坡的管理文化有一个重要的特点——集体的主观就代表着客观。

——"新加坡现在教师队伍的工作量、学科匹配程度如何?"

(林保圣)答:新加坡中小学老师的工作量是很大的,中学每周一般安排 20—28 节课,每节课 35 分钟,小学还要多一些。一个语文老师一般安排 4—5 个班,如果安排 5 个班级,改作文就已经累得够呛。数学老师一般除了数学教学,还要任教科学或者其他一门学科,历史老师还要兼任语文或者其他学科,主要看老师个人的学科专长。此外,所有的老师还要至少担任一项课程辅助活动指导师,担任一个班的班主任,参加某一个学校管理委员会的工作,还要带领学生参加社会实践活动,所以工作负担是很重的。

随着新加坡"小六"分流变革的深入,以语文学科为例,同一学校的语文老师,要开出特别课程源流、快捷源流、普通学术源流、普通工艺源流学生学习语文的高级课程、普通课程、基础课程,学生分类多,课程层次分类也多,每个老师都要准备不同能力水平的课程,这对老师是一个极大的挑战。

——"新加坡教师有进行校际交流吗? 政府有没有强制要求?"

(林保圣)答:新加坡中小学老师是可以根据自身学科特点和发展需要,提出申请换学校的。

举全国之力,深入实施分流教学、分层教学,真不是一件易事,如果没有彻头彻尾的实用主义精神,则有一千万个理由去否决它,这也正是新加坡教育的精华所在吧!

(2019 年 11 月 12 日)

5.

立德——从"买爆日货"说起

数年前,中国游客组团赴日本,把日本市场上的马桶盖买脱销,购物盛况惊呆日本人,引起了学界的热议,讨论声不断。当时许多经济界学者发声,认为人家的东西就是好,这就是市场经济的特征,也是中国制造业的阵痛,是民族工业粗放式发展道路上必须交的学费。可是不少人买回来仔细一看,产品上赫然写着——Made in China。

因为这件事,我特别关注新加坡对自身教改目的的表达——"新加坡教改,秉持着务实原则,目的是要让教育系统培养出来的人力资源,能持续配合不同时代的需求,促进新加坡经济繁荣与社会发展。"

虽然表达得有点赤裸,但不失坦诚。

与目的表述相配套的,是要培养公民 21 世纪的关键能力——严谨思考以及解决问题的能力、沟通与合作的能力、创造力与创新力、数码素养、弹性与适应力、进取心与自我导向、社交和跨文化合作能力、领导力与责任心。

如何将教改目的细化到学科教学上? 新加坡《小学品格与公

民教育课程标准》将其表述为：1. 具有自我意识，实现个人身心健康；2. 为人正直，做出负责任的决定；3. 具有社会意识，建立相互尊重的人际关系；4. 坚毅不屈，把挑战化为机遇；5. 有国家归属感、自豪感，致力于国家建设；6. 珍惜多元文化，促进社会和谐；7. 关怀他人，为社区、国家做贡献；8. 做有见识、负责任的公民，及时对社区、国家和全球性课题进行反思并做出回应。

不妨做这样一个设问——在我们一再提倡全球视野、国际情怀的时候，是不是也可以"狭隘"一点点？可不可以先把国家归属感、自豪感培养好，多为国家建设服务，多支持国货，多为社区、国家做点贡献？举债甚至卖肾只为买苹果手机充门面的教训还不够深刻吗？这难道不是价值观教育的失败吗？

众所周知，教育对经济的作用不单单表现在传承科技、提高生产力上，教育所培育的民族气节、民族情感、民族自信，在拉动出口、扩大内需、促进消费的作用上厥功至伟。良好的国民教育能够直接推动经济发展。因此，教育对国民经济的影响深远。

不妨再进一步做一个这样的联想——为什么"严谨思考"会被作为新加坡提出的 21 世纪关键能力的首要能力？"严谨思考"到底有多重要？怎么培养？一个人区别于其他人最重要的特征，一个民族与其他民族凝聚力的不同，是不是来源于思考问题方式的不同？

4 年前，有朋友拉我加入了一个地区级的微信读书群，群里有400 来人，群管理员是个新闻媒体人。当时恰逢日本通过"新安保法案"，有人在群里留言："日本近日通过了'新安保法案'，这意味着再组团去日本疯抢日货，将是真真切切地帮日本人去制造射向自己的子弹。"这话竟立马遭到了群主的抗议。群主说："本群都是爱读书学习的书友,希望大家不要在本群发布无关言论。"

温州地处永嘉学派发源地,这里从来不缺乏经世致用之学说。可真不知道这个群主是怎么思考的,是不是具备了最基本的公民品格,其国家归属感又在哪里?作为媒体人,其建立的读书群读的是什么书?明的是什么理?传达的又是何种价值?"买爆日货"的这一代人,正是 20 世纪八九十年代基础教育改革后成长起来的一代。他们缺少的是经世致用的理性,淡薄的是爱国爱家的感情,购物如此,读书亦如此。

这不得不令人反思,我们的教育到底在对国家昌盛、民族进步上起到了哪些作用?反观我们的教育,我们注重了什么?偏离了什么?在当前小学教育改革的实践中,流派多、观点多,我们似乎在技术的层面越走越远,梦想愿景的曲调越唱越高,却缺乏了铸造民族秉性和利用核心价值进行理性思考的教育。与其说全民"买爆日货"是中国制造业的问题,不如说是公民品格教育的缺憾。

有人批评目前的教育体系"术为先、行为末、德未立、观不正",没有精神支撑。此言虽然有些夸大,但也值得每一个教育人去思考。

(2019 年 11 月 16 日)

6.

树人——从培养"严谨思考"能力入手

前些日子,著名画家吴冠中先生的画展在新加坡国家美术馆举行。

吴冠中曾说过著名的一句话——"三百个齐白石,比不上一个鲁迅。"为何?我理解为——再高的绘画技艺与审美创造能力,跟唤醒人性思考的价值比起来,都不值一提。吴冠中的这种思想跟新加坡的实用主义治国理论,如出一辙,都体现为人性价值优先。新加坡把"严谨思考"作为需要培养的 21 世纪的关键能力之首,跟吴冠中的这句话有异曲同工之妙,实在是一种高站位的教育哲学思考。

人与人之间最重要的区别、民族与民族之间最大的差异,其实都在于思考问题方式的不同。人们思考问题的方式和结果,都取决于自身的经验。这个世界不存在客观真理,一切客观真理都是人们用自身的经验解释现象的结果,解释得通了,就成为客观真理;所有的客观事实,也都在人自身的经验感受之内存在,还有很多是人感受不到的东西——这就是实用主义哲学的内核。所以冯友兰认为实用主义的真理论实际上就是一种不可知论。既然世界是不可知的,"严谨思考"能力就是叩开这个不可知世界的总钥匙,是一切能力的核心。这就可以解释为什么"严谨思考"是一切教育树人工作的基础了。

有一则古老的寓言——《盲人摸象》,与实用主义对客观真理的理解一脉相承。寓言中有人认为大象像一根弯弯的管子,有人认为大象像一根棍子,有人认为大象像粗粗的柱子,有人认为大象像一堵墙。自然,4个盲人因为目不能视,感受到的经验出现了偏差,跟视力正常的人感受到的不一样。

4个盲人各自感受到的大象的形象,难道不是他们的客观认识吗?一定是的!在他们的世界里,大象就是他们感知到的样子!而当你认为他们片面无知,修正他们并指出你目之所及的大象的样子的时候,你认为你描摹的大象才是客观真实。可是,你所描绘的,也只不过是你感知到的客观形象而已。当认识的手段不断发生改变,你其实也只是另一类盲人!

所以,"严谨思考"是多么重要,永远不要认为你已经掌握了客观真理。思考多一分严谨,生命就多一分价值。永远不要停下检视自身思考问题方式的进程,如此你才能获得源源不断的成长。

古语云"仁者见仁、智者见智",即说每个人都只能从自身的经验做出判断,仁者见它说是仁,智者见它说是智,假如追问下去:不仁不智者见它,会是什么结果呢?那自然是盗者见之谓之盗,娼者见之谓之娼,道理亦然。

所以,实用主义其实还提供了一种方法论,给我们提供了一个识人辨人的好办法——一个人如果总是背后议论别人偷鸡摸狗,说明他的视阈、选择性注意都在偷鸡摸狗这类事上,自身一定不会是个良善之辈。同理,一个人如果总是怀疑别人男盗女娼,自身必定不是安分守己之流；一个人如若总是批评他人斤斤计较，自身一定是个睚眦必报之徒。

至于那些整天有事没事聚在一起扯东家长、西家短的人，其中绝对没有值得你委以重任的人才。其根本原因就在于，他们不具备"严谨思考"的能力，思维方式都过于简单，跟那 4 个盲人几无二致。

古往今来，教育人对培养"严谨思考"的能力有过不同的表达。实用主义教育哲学家杜威说："教育的目的在于使人能够继续教育自己。"伟大的教育家孔子说："君子坦荡荡，小人长戚戚。"诗人北岛说："卑鄙是卑鄙者的通行证，高尚是高尚者的墓志铭。"北京电影学院教授崔卫平女士说："你所站立的地方，正是你的中国。你怎么样，中国便怎么样。"老百姓也说："可怜之人必有可恨之处，可恨之人必有可悲之苦。"

所有这些表达都蕴含同一层意思，那就是一切结果都取决于你的思维方式。一切教育，都要从教育自己开始，从改变自己的思维方式开始，从落实培育学生"严谨思考"的能力开始。

（2019 年 11 月 15 日）

7.
新加坡的思考课程

既然新加坡把"严谨思考"的能力作为 21 世纪核心能力中的核心,那其是如何培养的呢?

"严谨思考"的本质在于"思考",而思考本身是个体借助已有经验的活动,因此个体本身对于这个世界感知的丰富性、经验的积累量,是决定思考能力的基础。而要做到"严谨"地思考,就需要以基本社会公德和核心价值观为准绳,以充分调动自身全面、广泛的经验积累为前提,做到多维度考量、有理据推定判断,做到不偏不倚、条分缕析、预判结果,这才算是"严谨思考"。

由此可见,"严谨思考"能力包含 3 个方面:一是内化了的核心价值观,二是要能够充分调动自身经验参与,三是具备基于正确价值观的严密逻辑推断能力。新加坡在培养学生"严谨思考"能力上,从国家层面推动"少教多学"教改策略,推行思考课程,培养创意思维,很值得我们一窥究竟。

新加坡是如何推行思考课程的呢?

一是在学科教学上突出直接经验积累。如新加坡的数学教学体系,一直秉持体验式教学之路,这跟我们当前国内的数学教学理念基本趋同,只不过在方法的选择上存在差异,前文已及,不再赘述。

二是大力推进辅助活动课程,包含各种运动类、制服团体类(类似国内学工学农学军)、艺术表演类、校园社团学会类活动,同时每个学期开展不少于 3 天的社区服务活动。这些活动基于国家核心价值观,让所有的学生从小学三年级开始必须参加,并纳入升学计分项目。这些辅助活动类课程使得学生在做出"严谨思考"之前,积累了较为丰富的社群活动经验以及对行为价值的认识。

三是高质量实施品格与公民教育课程,这是关键的举措。在新加坡,小学阶段的品格与公民课分成 4 类:品格与公民教育课(相当于我们的品德课程),主要传授品格与公民价值观、知识和技能;级任老师辅导课,主要教导社交与情绪管理技能(相当于我们的班队课),建立良好的师生关系;校本课程(相当于我们每周的晨会),主要是利用周会,根据学校价值观进行主题教育;专项公民教育指导单元,安排的是性教育课程。

在实施品格与公民教育课程的过程中,新加坡发挥了自身多年在学习法研究上的优势,推广多种学习法,充分调动学生的经验积累和判断,为有效培养学生"严谨思考"能力提供了路径保障。如:

——设身处地考虑法。教师向学生提出关键性问题:"如果你处在当时的情况,你会有什么感受?"引导学生设身处地地为别人着想,从中试着了解当事人的想法和感受,并且引导学生对情况有全面的看法。

——体验式学习法。关注学生在课堂或户外体验、观察、反思及应用的过程。这个教学法为学生创造经验,让他们对自己的观念、判断及倾向进行反思,再把学到的知识和技能深化、内化,经过思考、分析、建构后,应用在不同的情境中。

——道德认知发展法。鼓励学生针对现实或假设性的道德两难情境做出回应。教师根据学生回应,通过提问,逐步加深学生思考的层次。目的是引导学生将从个人利益出发的思考提升至顾及家庭、学校、社会甚至世界利益的层次上。

——价值澄清法。旨在通过循序渐进的过程,帮助学生做出明智的决定。学生经过理性思考,觉察自己的情绪,审视自己的感受和行为,从而梳理自己的价值观,最后做出明智的决定。步骤是:先确定问题是什么,列出各种可能的选择,衡量各种选择的利弊;做出决定后,肯定自己的立场,履行自己的信念。

本质上,一个人如果具备了"严谨思考"能力,就会具备恻隐之心、辞让之心、羞恶之心、是非之心,他就成了一个"会生活"的人。这跟我们学校提出的培养目标——通过培养学生"会劳动、会健体、会学习",最后达到培养"会生活"的人的目的,无论在理论设计上,还是在路径选择上,都是一致的。

所以,完成我们学校提出的"会生活"的育人目标也好,培养新加坡具备"严谨思考"能力的学生也好,都需要具备 3 个要素:1. 核心价值观体系;2. 学生自身经验的积累;3. 学生执行思考的学习法。前两者差别不大,真正拉开差距的是学习法。

没有学习法支撑的价值判断,难免流于"油腻",也就谈不上培养具有"严谨思考"的能力。我们需要做的,是进一步加强学习法的教学,为学生学会"严谨思考"提供更强劲的动力,真正培养"会生活"的人。

(2019 年 11 月 17 日)

8.

今天我们该怎么读书

我们为什么而读书？为了增广知识，感化精神，还是丰富经验？每个人根据自己的经验，都会有自己的答案。

如果单单从改变思考能力的角度来看——读书更关键的是为了吸收他人的经历和经验，化为己用，使之成为改变自身思维方式和行事方式的自变量。

一个人的生命总是有限的，所以中国著名作家谢冕说："一个人的一生，只能经历自己拥有的那一份欣悦，那一份苦难，也许再加上他亲自闻知的那一些关于自身以外的经历和经验。然而，人们通过阅读，却能进入不同时空的诸多他人的世界。这样，具有阅读能力的人，无形间获得了超越有限生命的无限可能性。"

中国著名作家王蒙谈到读书的时候，建议大家读点费劲的书，除了读有趣的书，还要读一点严肃的书；除了爆料的书、奇迹的书、发泄的书、读上十分钟就哈哈大笑的书，还需要读科学的书、逻辑的书、分析的书与有创新有艺术勇气的书、一时半会儿找不准感觉的书；更要读一点你还有点不太习惯的书，读一点需要你查查资料、请教请教他人、与师长朋友讨论切磋的书。

两位著名的学者都给我们提出了很好的读书建议。要我说，若是从培养 21 世纪关键的"严谨思考"能力出发，要读好以下 3 类书。

一是要读一些关于价值观的书。为什么遇到别人要主动先打招呼？为什么人不犯我，我不犯人？为什么人人为我，我为人人？勇敢与鲁莽有什么区别？谨慎与怯弱又如何区分？什么是家国情怀、民族精神？回答这些问题的书必须多读，有些观念必须统一，有些基本是非必须分明。一个国家、一个民族，只要基本价值观不灭，即使遭遇再大的劫难，也会有人为天地立心、为生民立命、为往圣继绝学、为万世开太平，会永远屹立而不倒。

二是要读一些提高读书技能的书。读一些语法的书，才会知道语言是有规则的；读一些修辞类的书，才会知道语言是有文饰的；读一些诗歌与韵文，才会知道语言是有节奏的；读一些书目类的书，才会知道读书是可以选择的；读一些书评类的书，才会知道哪些书是一辈子必须读的。

三是要读一些知识与经验类的书。读一些散文、杂文类的书，领会别人的分析与感受；读一些论文与纪实报告，知道你喜欢的领域有了哪些新的发现和探索；读一些批评和归纳的书，知道该如何进行抽象与概括；读一些游记，取代你丈量世界的脚步；读一些传记，去体会多样的活法。要去体会什么是物我两忘，什么是悲欣交集，从而懂得为什么说只有头顶的星空和脚下的土地才最令人敬畏。

这 3 类书中，第一类书，不同年龄段要选择适合自己的来读；第二类书，中小学阶段要抓紧了读；第三类书，要用一生感悟着读。这样，你才会具备"严谨思考"的能力，你才会不断改变思考问题的方式,你才会具备 21 世纪的关键能力。

3 年前,我们在阳光小学的教学楼上标示了 9 个大字——"勤躬行、重阅读、尚思考",这是我们学风建设的目标。"勤躬行"是为了取得直接经验,践行核心价值观,"重阅读"是为了取得广泛的间接经验,拓展生命的宽度,而"尚思考"才是前两者的终极意义,是为了远离愚昧、自负、盲目,从而提升个体生命的质量。

每个人区别于他人的本质,在于思考问题的不同方式。

(2019 年 11 月 17 日)

9.

看书不等于阅读，读书不等于学习

数日前给我们上课的林保圣先生，入职从老师做起，经历校长、校群督学等岗位，最后在新加坡教育科技署副署长任上退休，可谓经历传奇、经验丰富。

老先生今年 80 岁，身体健朗，上课思路清晰。课堂上，只要我们稍有议论声，他就会停下来要求我们认真听讲，生怕我们学个一知半解懂个皮毛回去叫卖而误人子弟。老先生讲课的专题是"新加坡学校的评估和管理变革"，可讲着讲着时而就会蹦出一句话——"读书不等于学习"。

我想，这或许是老人为教一生最重要的体会。老人这么解释——单纯读书，只是一种摄入的过程，就好比人要吃东西，只是从嘴巴里吃进去。如果读书没有辅之以讨论，知识就没有被分解吸收；没有辅之以表达，知识就没有跟自身建立起联系；没有辅之以思考，知识就不会被联系应用；没有运用于新的情境，知识就不会产生价值。所以，不能只让学生读书，读书后一定要有表达、讨论、提问，否则就像食物从嘴里吃进去又直接被排出来一样，是一段没有经历消化吸收的过程，是无效的。

老先生是在谈论学习法的时候特别强调读书方法的。道理虽然很简单,可要真正在教学活动中落实好,却并不容易。经常有家长会问:"老师,我家孩子一回家就看书的,成绩怎么好不起来呢?"也经常会有老师问:"我们班的学生都已经读书了啊,可阅读和写作能力怎么还是提不上去呢?"

那么,怎样读书才更有效呢?教师教学的时候,该如何指导学生高效读书呢?我们必须从学生学习活动的质量上深入分析。

首先,看书不等于阅读。特别是对于中小学生来说,看书往往只是消遣。他们往往只会对书中新奇的情节、爆笑的语言、曲折的故事、奇特的想象感兴趣,由于知识基础和视阈的限制,他们之中还鲜有对高深的知识、复杂的情感、精妙的文法、丰富的思辨感兴趣的。所以,他们最喜欢看《爆笑校园》《灰太狼》,很容易沉迷于《故事会》《山海经》。但是由于看书过程中只有视觉参与,语言的节奏、语法的精妙、描写的生动、议论的严密、说明的准确都是比较难以被体会到的。所以,在低中年级,不能让学生只停留在看书上,要引导学生找不懂的地方,多摘多记多积累;要带领学生出声读,领会语言的节奏,感受语言中的形象。

万丈高楼平地起,培养孩子的阅读能力越早越好。由于小学一二年级的孩子还没有形成自发的系统阅读能力,因此需要家长、老师的引导。孩子看的书,家长、老师不妨先看一遍。这样,就可以通过提问引发孩子思考,再逐步递进深入。一本书读完后,还可以教孩子做总结。比如,你最喜欢书中的哪个人物?为什么?你学到了什么?让孩子在头脑中形成系统的阅读框架。这样,阅读的价值才会被最大限度地开发,孩子的阅读能力才能得到培养和提升。

作为家长和老师,要关注孩子的阅读内容,要根据教育部门提供的建议阅读书目,开展有计划的阅读;要关注孩子阅读技能的培养,使孩子逐步养成阅读摘记、阅读思考的习惯;还要经常组织学生开展阅读分享,提升孩子的阅读质量。切不可认为看书就是阅读,若只是这样,除了孩子的近视度和体脂含量有提升,其他能提升的恐怕不多。

其次,读书不等于学习。如果读书只是见字出声,恐怕连基本的摄入都算不上,因为有效摄入还要讲究摄入信息的完整性,而见字出声只是把书面文字转化为有声语言,至于这些有声语言包含的信息是不是已经全部输入大脑,要看输入信息的完整性、连贯性,看是否能进行有效判断、分析、归纳、演绎、运算、推理。

要使得读书成为真正的学习,就要使阅读者能够提取阅读材料中完整的概念、判断,进而通过自身原有的经验或者整合他人的经验进行分析、归纳、演绎、运算等一系列心理活动,最后把阅读内容与自身经验建立起有效联结,产生新的经验与认识。所以,读书不能只成为老师或家长的一项简单的指令,不能只停留在见字出声的活动上,而是要作为一项技能训练有序开展。

具体方法细说起来,有以下几点。

"读不通的地方多读几次",不能仅仅停留在要求上,怎么"多读几次",老师要做出示范,最好就如何做好"多读几次"做个专场练习。

"放出声音读",也不能只是作为要求,如果声音分 0—5 级,所谓"放出声音"是几级?出多大声?老师都要做出示范。

提出类似"说说你读懂了什么?""说说这段话主要讲了什么?"这样的问题时,重点不是在"什么"上,也不是在"主要"上,而是在

"说说"上。老师不要总是关注被指令要求回答的学生说得好不好、精彩不精彩,而是要特别关注让所有学生都"说说"了没有。要特别关注多线程学习、多方位感受,否则,有效学习、高效课堂就无从谈起。

　　读书不是为了取悦于老师,也不是为了取悦于同学,而是为了让知识跟自身的经验建立起有效的联结,这才是学习。

(2019 年 11 月 18 日)

10.

体育——通往生命春天的列车

　　5年前,我们提出培养"会劳动、会健体、会学习、会生活的人"的目标,体育排在第二位次。5年来,我们不断完善体育课程建设,改善教师队伍,提高体育教育的质量。由于场馆限制,学校连续3年租用瑞安市体育馆,精心筹办学校全员运动会,不断改进体育大课间活动项目,促进跳绳、踢毽子两项技能的全员化普及,强化落实中高年级跑操项目,磨砺学生的体能与意志,取得了一定成效。在2019年校运上,有61个项目打破原校运会纪录。学校运动队已经连续两年取得全市前十名的好成绩。学校还成为国家级足球基地学校、啦啦操实验学校。

　　但是我们必须清醒地认识到,距离真正优质的体育教育水平,我们还有很长的路要走。如何保障学生进行更广泛的体能训练?如何开设更丰富的技能项目?如何建设更广泛的训练场所?如何提供更专业有效的指导?如何在体育课程中强化组织纪律、社会规则,训练学生的竞争精神、坚韧意志,落实核心价值?如何盘活人力物力资源,引进来、走出去,实现体育教育功能的最大化?这些都是急需解决的问题。

为什么我们要把"会健体"看得比"会学习"还要重要？

首先，体育本身就是一项知识技能，良好的运动技能就是多元智能理论中重要的相对独立的一元。

其次，体育活动是社会参与性学习活动，体育运动中建立起的人际关系，稳定又牢靠，其远比其他学习活动更能发展伙伴关系。

再者，体育能力本身就是生活能力、创造能力。哪个成功人士不是跌倒了爬起来，再跌倒再爬起来的？没有良好的体能作为基础，拿什么去创造？拿什么获得成功？40岁能管控好腰围臀围，50岁管控好血糖血脂，你自然比他人更有创造力。

体育之于教育的功能，仅仅是这些吗？远远不止。体育更是规则的美、力量的美、竞争的美的体现，体育教育的本质是自我精神反哺的教育，是通往每个学生生命春天的列车。

日前，在世界杯亚洲区预选赛上，中国国家男子足球队跟叙利亚队比赛时，2：1输了。世界名帅里皮当场愤然辞职，甩下一句话——"如果球员在场上害怕，没有斗志，没有欲望，没有胆量，不能从容传球，不能体现出训练的东西，那就是主教练的责任。"斗志、欲望、胆量没有了，本质上是精神垮了。越怕输越会输，越怕别人超越越是被别人超越，不浴血奋战，不先干了再说，没有置之死地而后生的决心，哪来境界的提升、精神的升华？

查看一下历史，1935年大学生足球队都能干掉英国队、德国队、俄国队、意大利队、法国队和世界联合足球队，在天津英租界捧起"爱罗鼎杯"，就会知道什么是体育精神，什么是体育教育。

杜威说过，教育的目的在于使人能够继续教育自己。如果把这句话简单理解为要突破自我也未尝不可。人体体能的极限，精神承受力的极限，都不是固化的，都是用来被打破的，这样才能有所提高。而最容易被感受到的打破人体极限的体验,就来自体育学科。20 年前,我在读大二的时候,迷上了长跑,每次绕操场跑到第十二三圈(约 5000 米)的时候,身体会很明确地感觉达到了一个极点——脚再也抬不起来了。可只要再坚持一两圈,继续跑下去,沉重感就会越来越轻,后续跑再多也不会觉得太累。如果每个学生都能有过突破极点的体验,精神生命的成长就会丰富很多。

再看看新加坡的体育教育。这些年新加坡学生的健康体质监测数据也在全球领先,有以下 2 组数据值得关注:

新加坡中小学的周体育课节数为 3—4 节,但此外学生每天课外体育活动时间都超过 2 个小时。

新加坡体育专职老师的比例并不高,平均每个学校 1400 名学生配备 4 名老师,但新加坡小学平均师生比为 1:14.4,可以说这是一个进行全员体育教学的学校教育生态。

(2019 年 11 月 19 日)

11.
"劳"又回来了

"德智体美劳"这 5 个字常被用于描述我国的教育方针,"德"永远是老大哥,在前面带头跑,"劳"永远是小弟,有时跟着跟着就不见了。

在 2010 年审议通过的《国家中长期教育改革和发展规划纲要(2010—2020 年)》中,"劳"就丢了。2018 年 9 月,习近平总书记在全国教育大会上强调——坚持中国特色社会主义教育发展道路,培养德智体美劳全面发展的社会主义建设者和接班人,"劳"又回来了。

通常认为,最早提出"德智体美劳"全面发展的是邓小平,与"三个面向"同时提出。后来一些教育学者认为"体育"涵盖"劳育",就把"劳"赶走了,有时甚至把"美"也挤没了。

"劳"这么不受待见,恐怕跟我们对"劳育"的界定有关。百度百科对"劳育"的解释是——培养学生劳动观念和劳动技能的教育。至于劳动观念,"德"大哥似乎可以包办,至于劳动技能,"体"三哥似乎也可以代理,所以"劳"就显得无关紧要了。

我粗鄙地认为,那些把"劳"去掉的教育学者,一定没有从清末列强坚船利炮的攻击中醒来,一定没有从致远舰因为鱼雷射程太近只好选择撞向敌舰再引爆鱼雷同归于尽的教训中醒来,一定没有从"师夷长技以制夷"这份带血的领悟中醒来。

或许是基于农耕社会发展出来的意识形态跟基于大工业社会发展出来的意识形态在指导教育培养人的目标方向上的必然差异,我们的教育更多地指向人内心的和谐,所以"劳"从来不被排在第一位。而马克思教育学说则认为,教育同生产劳动相结合是改造现代社会的最强有力的手段,是未来社会造就全面发展的人的唯一方法。这样看来,"劳"是带头大哥。

4年前,围绕着"培养什么样的人"这个问题,我们曾在全体师生、家长中进行调研,将全国各知名小学培养目标中的关键词提取出来,给全体家长、师生进行遴选,以凝聚共识。最后,根据共同的价值认识,我们把"会劳动"放在阳光小学培养目标的第一位,明确阳光小学旨在培养"会劳动、会健体、会学习、会生活"的阳光少年。

"劳育",又岂止劳动观念和劳动技能?"劳动使人独立行走",劳动教育改变的是人类自身发展的命运。"劳育",不但要培养劳动观念,更要更新劳动观念;不仅仅要求掌握劳动技能,更要求创造性使用劳动工具,创造全新的劳动工具。

在新加坡,每一个人都会告诉你,新加坡除了人力资源,其他什么都没有,没有黄金,没有石头,没有淡水,甚至连填海用的砂石都没有。

何谓人力资源?按照新加坡教育部的说法,就是让教育系统培养出来的人,能够持续配合不同时代的需求,促进经济繁荣与社会稳定——就是培养会劳动的人、会生产的人、会创造的人。截至2018年,新加坡建国53年后,人均GDP达到了6.45万美元,大大超越日本,成为亚洲发达国家中人均产出最高的国家,成为世界级科技中心。全球 100 家顶尖科技企业中,近 80 家都在新加坡设有亚洲总部。

　　这一切,源自新加坡拥有世界一流的人力资源。

(2019 年 11 月 3 日)

12.

"德智体群美" vs "德智体美劳"

当下，新加坡的教育方针提倡"德智体群美"全面发展，实施"全人教育"；我国提"德智体美劳"全面发展，落实"立德树人"。

作为一个国家的教育方针，其虽然只有一字之差，但也会产生万般区别。教育方针直接决定学校的课程结构，指导着教法的变革和学法的选择，影响着学生情态的发展，从而产生教育产品的根本差异。

先从我国失而复得的"劳"育讲起。以往，"劳"育往往单纯指向劳动教育，或者会被更狭隘地理解为劳动技能教育。在小学往往体现为整理好自己的书包抽屉，打扫好自己的教室卫生，包干好班级公共区卫生；做得稍好一些的学校，会开展一些"小雷锋"志愿者服务，学习洗碗、烧菜、洒扫等家务劳动，开展一些诸如系鞋带、穿衣服、叠被子之类的比赛；做得更好一点的学校，会制订一个阶段性劳动教育的课程计划，把生活劳动、生产劳动、营销活动等项目分解为如学做美食、做木工、举办校园美食节、义卖等活动，以提高学生的劳动技能，丰富其劳动体验。

尽管国内又掀起了新一轮劳动教育热潮，一些"新劳动教育"的口号也此起彼伏，但是在课程设置层面，劳动教育仍然没有单独成为学科,而是被作为综合实践活动的一部分,跟信息技术课程、研究性学习安排在一起,炒成了一盘"大杂烩",令人无所适从。如果要从当前的小学课程中选出一门最缺乏可操作性的课程,恐怕也就是这个综合实践课程了。

那么,我们的"劳"育中是否包含新加坡"群"育的内容呢?理论设计上是有的。在劳动教育中有集体教育,在研究性学习中也有合作学习,既有劳动观念的渗透,也有劳动技能的培养、劳动情感的体验,这跟新加坡旨在促进群体合作、培养未来关键能力的"群"育目标基本一致。

但在实际操作中效果如何呢?恐怕大多数学校是不足的。我们的劳动教育,或多或少还停留在个人的劳动意识、劳动技能层面上,还远远没有把掌握前沿劳动技术,进行集体性劳动、创造性劳动、合作式劳动纳入课程内容,更难以企及在劳动教育中挖掘学生优势智能,为学生提供更有质量的学习的目的。

再对比一下,新加坡的"群"育中是否包含"劳"育内容呢?新加坡在小学一到四年级除了开设英语、母语、数学等基础课程之外,还开设道德教育、美术、音乐、卫生教育、社会科学和体育等课程,其中科学课从小学三年级开始学习。到了五、六年级,母语、英语、数学、科学进行学科分流,分成普通、基础 2 个层次(其中母语分成高级、普通、基础 3 个层次),每个学生选定相应层次的课程后,学校统一安排公民与道德教育、社会学科、体育、美术、音乐等 5 项非考试科目进行教学。此外,从小学三年级开始到高中甚至大专院校,新加坡所有的学生都必须参加课程辅助活动,项目包括运动竞技、制服团体训练(相当于国内学工学农学军类活动)、视觉及表演艺术、社团及各种学会等,每个学生必须至少参加一项,同时规定每年每生必须参加为期 3 天的户外团体活动。

可以看出,上述课程设置中的卫生教育、社会科学为"群"育课程,并以课程辅助活动作为补充。除课程设置之外,新加坡还通过削减智育课程分量,来推行思考课程;在全国集中推进投入型教学法,推动"少教多学";加强信息技术教育;等等。这些举措提升了"群"育的实效性。这些课程和活动既包含了"劳"育内容,又大大提升了"劳"育的群体性、创造性、前瞻性。

围绕新加坡的"群"育方针,有一些教育举措可以为我所用。

第一,"少教多学"是个趋势,如何精简课程、统合课程,让学生用更多的时间讨论、研究、组织小组学习,值得我们研究并积极做出改变。当前我们盛行的课程设置体系量多面广,知识导向压过技能导向,需要调转马头,改变方向。

第二,效仿新加坡"思考课程",进一步推动阳光小学自身"四声"课堂变革的深入。把控好讲授时间,少教以突出重点,确保学生在关键知识学习中高度投入有掌声;在学习过程中获得积极情感体验有笑声;在关键问题思考中给足学生时间能闻呼吸声;在巩固训练中给足每节课 1/4 以上时间确保有读写声。

第三,学校自身要进一步精简完善校本课程项目的规划。要进一步丰富学校的课外活动项目,多开展小组学习、小组活动、户外团体活动;多方位争取家长协助,不断拓宽教育视野,以满足学生多元化兴趣以及领袖素质、公民品格发展的需要。

劳动教育也好,"群"育也好,虽然这些课程与活动在短期内不一定有明显成效,但从长期看,对培养学生的群体意识、领袖素质、公民品格都非常重要,这是 21 世纪学生需要的关键能力。

(2019 年 11 月 13 日)

13.
新加坡的"全人教育"

　　"全人教育"的说法，来自人本主义教学理论，在新加坡得到较好的贯彻与发展。

　　跟当前国内盛行的在一所名校推行一套教育理论不同，新加坡的学校基本不生产教育理论。新加坡当前举国实践同一套教育理论——"全人教育"，并在国际上引起广泛关注。

　　仔细分析起来，与其说这是一套教育理论，不如说这是在实用主义教育哲学指导下的教育教学与管理系统，是一套行动指南，是一项战略部署。其对教育的核心认识很简单——完善的教育制度不能只专注于学业成绩，也应重视学生的全人教育，让他们在将来变幻莫测的世界里也能沉着应对挑战。

　　新加坡的全人教育提出要同等重视学术课程和课程辅助活动，要求学生不仅要掌握教材所及知识技能，还得掌握各种 21 世纪技能，包括批判思维、沟通能力和团队精神等。从新加坡当前中小学教师每周 20—28 节课、每人都是班主任、每人至少带一项课程辅助活动、每人至少参加学校一个专项工作委员会并带领学生参加一定量的社区实践的工作量中，就可以窥见新加坡在执行"全人教育"上的行动力。

新加坡的"全人教育"战略主要包含以下几个方面①：

第一，学校领导要确保学校能满足学生的需求和兴趣，以符合国家的愿望，并将学校的愿景、使命和价值观，向教师、学生和家长传达。

第二，学校战略规划要确保充分考虑支持学生发展的关键因素，从现有的分析数据和信息中，得出如何应对学校主要挑战的结论，并巩固主要优势；要通过培养教职员工成为当前和未来的领导者来实践对学校发展的承诺。

第三，学校要研究如何通过教职员工和学生的实践实现教育核心价值观，并评定教职员工和学生表现出来的价值观和行为。

第四，学校领导和关键人员要促进学校和教育联盟中其他人的成长。

第五，学校如何规划和实施与家长、社区的合作，以支持学生的学习和发展。

第六，学校要规划和部署物资，以提供更有利于工作和学习的环境。

第七，学校要让教师把学生放在所做的一切的核心，让教师致力于激发学生的热情并发挥他们的潜力。

第八，学校要利用教职员工的优势支持学生发展和其他学校目标，并提高他们的福利以维持积极的工作环境。

第九，学校要实施人力资源规划，制定人力资源政策和战略，让教职员工不断学习；要审查教职员工学习和发展过程中的有效

---

① 根据林保圣先生 2019 年 11 月 11 日的讲课整理而成。

性并制定改进策略。

第十,学校要为学生的全面发展提供机会,以提高学生学习和发展的水平;要创建积极的学生体验,为其量身定制课程和辅助课程,分阶段满足学生的需求、能力和兴趣。

第十一,学校要制定政策和流程,以提高学生的学习动力和细分参与度;要提升学生的社会心理环境,使其产生积极的学习体验;要提供优质的师生和同伴关系,以加强关怀、信任和尊重的学习气氛。

第十二,学校要根据学生自身的需求、能力和兴趣,为其量身定制课程,确保学生群体能够适应 21 世纪的生活和工作,包括如何利用信息和通信技术来支持学习等。

每一条都实实在在,每一条都指向明确,每一条都不可或缺,每一条都大有可为,它们共同指出了未来教育系统性变革的实施路径。结合阳光小学当前的工作,从小处着手,不妨先做以下几点梳理与改变:

第一,进一步提高队伍建设水平,突出"良师"导向,帮助教师有效发展,突出让教师致力于激发学生的热情。

第二,实施有效的分层教学,细分学生参与度,让学生有更多机会获得积极的体验,在现有课程群基础上,突出为不同层次学生量身定制学术课程和辅助课程。

第三,加强信息技术在学习生活中的应用。

以上几点,应当做,可以做,需要马上做。

（2019 年 11 月 13 日）

14.
"优质课" PK "提供学生有质量的学习"

在新加坡,对教师的能力要求主要包括 3 个方面。

一是专业实践方面。包含:培育学生的能力;在学术课程中,提供给学生有质量的学习的能力;在课程辅助活动中,提供给学生有质量的学习的能力;能充实或练就学科知识、反思型思考、分析性思考、有创意的教学、聚焦于未来的能力。

二是领导及管理方面。包括:赢得学生的信任,了解周遭的环境,促进他人的成长;与别人共事,与家长携手合作,能够在团队里工作。

三是个人效能方面。要了解自己与他人,能够进行自我调整,实践诚信,谅解及尊重他人,灵活地适应的能力。

如果要把这三方面能力要求归纳成一个核心的话,那就是提供给学生有质量的学习,其他所有的能力都是为这个中心服务的。这与我国的教师能力导向有明显区别。从时下开展的各类优质课评比、盛行的教学擂台赛可以看出,我们所看重的教师能力,侧重提供优质的课堂教学。

两者演变出的教育生态,也可谓截然不同。

突出上好"优质课"的能力,会演变成只寻求少数教学时间点上的精彩;会使得教师局限于关注课堂,缺乏对课外教育活动、实践课程的重视;会使得稍有一些学科之外的教学工作就会被老师视为额外任务加以拒绝;会使得教师偏重于教法的选择、教学环节的设计,追求标新立异,而淡化了学法的演练,缩减了操练时间,降低了学生情态参与度和学习获得感,"学为中心"化为泡影;会使得老师偏重于教法的提升,而偏废学科本体知识的发展——为上好某一堂课、比好某一次赛,一些老师整日、整月甚至整年都反复演练着某一堂课。

长此以往,还会使得教师对教学的价值观发生偏离——对自身取得荣誉的动力甚至超过为"学生提供有质量的学习"的动力。世界上恐怕没有哪个国家如我国这般热衷于赛课了!

追根溯源,这是一种从教功利化的表现。形成这种局面的根本原因是教师考核评价晋升制度的不足,跟当前教师的年度工作考核浮于表面、考核结果不能(或者很大程度上)决定职位职级薪金晋升有直接关系。当"优质课"较大程度地决定了老师获得荣誉、晋升的机会时,形成这种局面也就不足为怪了。

突出"提供学生有质量的学习",会引导老师着重去寻求令学生长期高效学习的措施;会使得教师不必更多关注自身的精彩,而是注重于发现学生的精彩;会使得老师能够更加从容地关注学生学习的情感状态、学习的参与度、学习目标的达成度,而不是少数学生的精彩反馈。只有这样,分层教学才会更具现实可行性,学为中心才会真正成为可能。

也只有突出"提供学生有质量的学习",老师才会较容易地跳出单纯地教法研究去兼顾研究学法,诸如创意教学法、互动教学法、反思教学法。因为诸多教学法在运用初期往往是低效的,需要在熟悉规则、执行规则的开始阶段耗费时效,只有在学生熟练掌握之后,其才会达到高效。所以赛课型的课堂很难真正落实教学法的指导。

新加坡教师考核不重荣誉,只重实绩。依托公务员制度,教师只要通过每年两次的评估考核,就可以获得相应的职级和薪金花红。学校也凭借全面的考核制度对教师进行考核排名,全面业绩考核决定着老师能否更快获得职务擢升,这为倡导老师致力于"提供学生有质量的学习"打下了坚实的制度基础。

学校对教师的实绩考核含糊其词,回避或者上交矛盾,一味鼓励教师在"提供学生有质量的学习"之外的教科研荣誉上拉开差距,此等脱离教育核心价值的评价方式盛行,最终将伤害学校乃至整个教育系统的可持续发展,是时候该做出调整了。

许多有识之士开始摒弃"名师"导向,呼吁建立"良师"导向的学校管理制度,正是基于上述考虑。照此思路推演下去,"名师工作室"热,也该降降温了!

"良师"优先,"名师"靠边! 说出这句话会令许多人不高兴。

(2019 年 11 月 14 日)

15.

"少教多学"vs"多教多学"

新加坡在 21 世纪举国之力推动的教改运动是"少教多学"。

这项运动的主要策略有 4 项。

一是给学校配备更多元的人力资源。给每所学校增添一名教师指导员（相当于师训员）、一名全职辅导员（全能型，能处理各种突发应急问题）和一名课程辅助项目执行员（相当于课外活动总指导师）；在原本编制之余，中小学（校均约 1300 学生）各增加约 10 名教师（因为出生率降低，到新加破还算原本的教师数量有富余）；推行辅助教师计划，降低教师压力。

二是全面削减课程份量，全面改革课程内容。举全国课程专家之力，在中小学减少 10%—20% 的课程。通过前期 2 年时间整合撤并，该项工作已经完成。

三是给学生更多机会选择学习科目。这项策略以原来分流分层措施教学为基础，在学生进入初中后打通不同源流的限制，实施分科目分层编班教学，改进原来不同源流学生不能混合编班的不足。该策略已经试行 3 年，推行已无大碍。

四是给老师更多的时间进行教研活动。包括加强信息技术教育,为数学、科学等术科选择合适的教材。这项策略通过教育技术部门跟进、教材编写人员的努力,已经基本成熟。

"少教多学"说起来容易,实践起来绝非易事。当前,我们深陷"多教多学"的泥潭不可自拔,每个老师都觉得自己学科的课时安排不够用。那么多知识点要落实,那么多习题要完成,巴不得抢别的学科课时来用,怎么能少教?再则,严密而高效的知识体系,是我们基础教育的优点和特色所在,岂可轻易放弃?

问题在于,我们都不需要改变吗?

《人民教育》在 2019 年 12 月份发表了金华师范附属小学校长俞正强的一篇短文《孩子的时间是个常量》,刷爆了校长、家长的朋友圈。文章对当前孩子越来越多的课程任务进行了恰当的描述,准确反映了当下"多教多学"的困局。任何时候对时下生态危机的漠视,都容易陷入"温水煮青蛙"的窠臼。就当前中小学而言,我们还可以做出哪些改变?借鉴前人的经验与新加坡的实践,至少还可以从以下 2 条轨道铺开。

第一,缩减现有的课程编排内容。知识的拥有量已经不应该是这个时代教育的核心,我们一定还有空间来删减、合并教材内容,整合跨学科知识点,腾出更多时间来给学生做学法指导,推行思考课程,提高课堂思考质量。

比如在语文学科上强化技能导向,少讲解多练习;在数学学科上强化分层教学,对学有余力的学生加快教学进度,让学力不足的学生得到适当发展,尽量解放集体授课制的制约而少耗费学生时间;在科学学科上加强知识整合,突出直接经验的获得与积累;在英语学科上多开设课外活动课程;将德育课、少先队课、综合实践课程有效整合,腾出时间进行学习渠道拓展、学习方法指导;等等。

第二，立足学生智力的发展。苏霍姆林斯基指出，如果教师认为自己的任务仅仅是教给学生一定范围的知识，而不专门在发展儿童智力上下功夫，如果教育工作的这一领域没有引起校长的密切注意，那就必然会导致学生的学业成绩不良。

很多时候，我们往往把学生的智力发展不到位简单归因为学习习惯不好，认为学习习惯培养的任务更多在于家庭教育或者班主任的班级管理工作，从而疏忽了在每一次课堂上去培养、训练学生的智力，如感知觉统合、注意、观察、想象、思维能力……我们不能总着眼于知识的传授上，特别是在小学低段，更应该始终关注学生智力的发展。

苏霍姆林斯基的主张，跟今天新加坡的"少教多学"理念，究其根本内核，仍有很高的契合度。

精简课程，训练智力，指导学法，要成为今后指导我们教学改革的行动指南。

（2019 年 11 月 19 日）

16.

组织学生进行全员全程有效学习

新加坡对教师的核心能力要求是"提供学生有质量的学习"。

这项技能的本质是组织学生进行全员全程有效学习的能力。要让"喜羊羊"学更多,要让"沸羊羊"学专长,也要让"懒羊羊"上课不睡觉。要做到这点并不容易。对老师来说,这是一场长期的苦修;对学校来说,这是教学改革最核心的战役。

每所学校或多或少都会存在这样的现象:在课堂上,优秀学生不大爱听,老师讲的他们已经都懂,他们只能勉为其难地配合着老师;差的学生听不懂,听着听着就心不在焉了,日子长了也就"掉链子"了,只要不调皮捣蛋,老师也就乐得清闲。往往一堂课结束,前30%的学生不教也会,后20%的学生教了也还不会,真正受益的也就只有50%左右的学生。下课后,老师要面对每个班四五十份作业,还要应付各式各样的行政性杂务,对究竟是不是每个学生都听懂学会,往往就难以顾及了。

这种现象并不是个例,而是不少课堂的常态。这说明我们的课堂远没有达成让全体学生进行全程有效学习的目的。新加坡在解决这个问题上,提供了2点非常成功的经验。

　　第一，细分学科学习参与度。政府主导的"小四"分流、"小六"国考分流、"中四"国考分流，让每所学校里每个学生都明白自己应参加每一学科的哪个层次学习，他们会选择符合自己水平特点的班级进行学习。访学组走访了新加坡中正中学、开化小学，对新加坡的分层有效教学感受颇深。例如一个语文老师，即便只教小学六年级语文，也会分为高级班、普通班、基础班，每班少的可能只有5—6个学生，多则40来个，学生的学习困难、作业批改等在课堂上能够当场解决，学生会得到更多的指导，而不是只能听讲。

　　以细分学科学习参与度为基础，教师教学的针对性自然就大大加强。所以，即便新加坡的老师一周有20—28节课，课后也是基本不用加班的。根据2019年新加坡教育数据统计，当前新加坡小学阶段教师总数为16284人，小学生总数为234414人，班级数量为7089个，平均师生比为1∶14.4，平均班级人数为33人。每年在教育上的投入约占GDP的10%，这为落实全员全程有效学习奠定了政策基础，真正体现了其教育强国的战略部署。

　　第二，培训老师熟练掌握学习法。新加坡教育部直接在全国统一推动创意教学法、互动教学法、反思教学法的培训。新加坡教育科技署前副署长林保圣在给我们培训时，强调最多的就是校长一定要多掌握一些学习法。他每次上课必定带领大家现场演练各种学习法的操作要领，如问题为本学习法、体验学习法、合作学习法、实践学习法等。他认为，教师只有熟练掌握学习法的操作技能，才有可能有效组织学生全程参与学习。

　　所以，"落实全员全程有效学习"是教育人一生的苦修。而修行需要反思性思维、顿悟性思维，也需要策略辅助，不妨从关注以下几项工作入手。

第一,给学生多一些过程性鼓励。老师应该是"脚踩风火轮""手握魔法棒""口吐通灵丹"的人。

"脚踩风火轮"是指不能总杵在讲台上喋喋不休地讲授知识,早自习、作业课要尽量杜绝集体讲解,课堂上要留足时间让学生操练,要走到学生中去观察学习活动状态,发现学生学习活动中的亮点。特别是在小学低中段,要围绕学习姿势的努力、倾听积极专注、表达响亮清晰、书写工整求精、注意力持久有效、参与合作积极迅速等常规要求,发现学生的努力,不断鼓励并正向强化,这是开发学生智力、促进学生有效学习的前提。

"手握魔法棒"是指要为表扬学生做好及时记录。可以是给一朵大红花、竖一个大拇指等,年级不同,手段不同。但教师手中应始终握有记录学生过程性努力的"魔法棒",不断表扬学生的进步,丰富学生在学习过程中的获得感和幸福感。

"口吐通灵丹"是指永远不要吝啬语言表扬。研究表明,最直接、最有效、最经济的激励,就是通过诚挚的语言直接告诉对方你对他的赞赏。

第二,让学生少一些无谓的等待。我总是不经意间看到一些老师坐在讲台上改作业,旁边学生排着长长的队伍在等待。所有学生等待的时间之和,往往达到老师批改作业时间的十数倍。等待中被破坏、被牺牲的,不只是学生的时间,还有原本可能让学生养成一以贯之、持续有效自主学习习惯的机会,这比浪费掉的时间更可惜。

有些老师所带的班级,学生持续有效自主学习的能力始终发展不起来,就是因为无论是批改作业、课堂回答还是其他教学组织,都脱离不了这种一个接一个线性等待的课堂组织方式。说到底,这就是学法组织技能的不足。

为什么不能让孩子坐在位置上一边举手示意,等待老师来批改作业,一边根据老师的要求自主完成其他学习任务呢? 老师为什么一定要让学生排队等而自己坐着改作业呢? 只要走下去,不是照样可以批改学生的作业吗? 回答问题为什么跳不出一个接一个的问答方式呢? 难道不能多线交互进行回答吗? 改变教学组织的单线程,让学生少一些无谓的等待,其实就是学习法改变的关键。

第三,教学生学一些科学统筹的能力。一个班级,每天都有不同的功课,每门功课或多或少会有一些作业任务。听、说、读、写、算,该怎么安排先后顺序? 难易程度该如何区分,遇到难题该如何处理? 怎样才能让学生做到持续高效的自我学习而不至于被困难或者外部因素打断? 这一切,都需要学生进行自我统筹,都需要教师根据学生的注意力规律进行策略指导。

第四,引导学生进行自主学习。要少一些同步活动,如齐读、齐答,少一些如开火车、一问一答之类的活动,这些都是单线程的课堂活动;而要多一些多线程活动,如一对多、多对多的讨论、问答。要树立起学生讲给同伴听与讲给老师听有同样价值的信念,让所有学生尽量参与到以自己为主线的学习活动中来,而不是永远跟着老师或者同学的线程走。只有这样,自主学习才有可能发生。

结合具体的学习活动,如早自读不宜组织太多齐读,而要多一些自主读、个性读,没有示范的齐读就是滥竽充数。组织其他学习活动也是如此。

第五,留足学生的表达时间。表达不是一般的能力,更体现为领袖气质。唯有精准表达,才能学有所得、学为己用,才能凝聚共识、团结队伍。要学习新加坡的实用主义,牢记"不培养想当将军的学生的老师不是好老师"的信念。

第六,修炼一颗宽厚仁爱之心。只要是没有经过筛选的班级,根据常态分布规律,一般都会存在 2%—3% 的智力水平比平均水平低一些或者其他类型的特异学生。这些学生对班级来说极其特别,对老师来说极为头疼,而对家长来说仍然是家庭的全部。给这些学生以有效的发展机会,就需要老师修炼出一颗宽厚仁爱之心。即使不能给予特别关爱,至少也要平等对待,决不能视之为异类,直接孤立他们或者放弃他们。要相信任何生命的存在一定有其存在的理由和价值。

这是一场漫长的苦修,需要以学生生命为灯,以责任心为桨,以教学法为帆。

提供学生有质量的学习,落实全员全程有效学习,谈何容易!

(2019 年 11 月 16 日)

第三辑

沉淀"阳光基因"

1.
因材施教是学校变革的道德目的

成功经验的延长线是什么？从事物发展的趋势看，是一条下滑曲线。

没有永远的成功，只有过去的成功经验和未来需要变革的实践。所以，很多时候，以往成功的经验会成为后续发展的障碍，变革永远是现在进行时。只是，要认清故步自封的不足需要勇气，而要真正革旧鼎新更需要胆识。

10 年前，全球知名的国际资讯公司麦肯锡在探讨全球 20 个国家、地区的教育体系的报告中指出——新加坡的教育体制从"优良"迈入"卓越"，并认为新加坡教育的稳健发展可归功于 4 个原因：在适当的时候针对环境和时代需求做出改变，提升教师专业素质，有序培训学校管理人才和新加坡稳定的政治环境。与之相应地，李显龙这样归纳新加坡精神——我们不断地以前瞻性的思维规划未来，保持竞争优势，我们时时刻刻做好准备，迎接未来。

摘录几条新加坡教育部颁布的教育改革行动步骤：

——2020 年起，25 所中学全面试行科目编班，让学生根据强项（弱项）修读较高（较低）水平的科目；包括从中学二年级开始修读人文科,如地理、历史和文学。

——2021 年起,"小六"会考采取等级赋分,全国学生每个学科都分为 8 个等级,赋分 1—8 分。这意味着某学生"小六"会考若 4 门学科都达到最高等级总积分为 32 分,最差积 4 分。

——2024 年起,全国推行科目编班,中小学不再分流。

——2027 年起,中学四年级学生在统一的全国考试框架下,根据所修水平科目应考,不分 N/O 水准。

——2028 年起,调整中学后教育的入学制度,更好地肯定学生的强项。

··············

今天的政策,10 年前制定;10 年后的政策,今天说明。一方面以教育的价值观为引领,一张蓝图绘到底;另一方面又以务实为基本原则,不断寻求平衡点,不断变革。这是新加坡教育取得成功的根本原因。

新加坡的教育改革之所以能取得成功,关键就在于国家层面在进行教育顶层设计的时候道德目的非常明确——"因材施教",所有的制度设计都以学生为中心,指向所有学生的发展,指向不同学生的不同发展,所以变革才会永远成为动力。国家会不断告诉每一个教师——太过追求课程步调一致不利于激发学习兴趣,太强调公平的考核制度容易导致过分注重考试成绩,提早分流不利于少数大器晚成的学生,提倡唯才的同时也要人尽其才……

这给我们一个启示:所有学校的变革必须建立在一个唯一的道德目的上,那就是"因材施教"。而如果一开始这个定位产生偏离,过度关注于教师的发展、学校的发展或者校长的发展,就很容易走向教育的现实,而不是务实。

一旦偏离这个道德目的,教育变革就容易走上歪路。

假设学校教育变革一开始就只立足于提升学校的美誉度,就容易偏向硬件、环境、课程等速效产品建设,就会倾向于功利主义、特色工程,会流于空谈、浮夸;如果学校教育变革一开始就只着眼于建设教师美誉度,就容易导致教师过度关注自身发展,会助长利己主义、个人主义歪风;如果学校的教育变革只是为了提高升学率,只为了学校年度工作考核,就容易短视,困顿于足下,产生削峰填谷、杀鸡取卵之举。

一个只专注于当书法家的语文老师,一所只致力于特色建设的学校,跟一个只倾心于当书法家的将军一样,都属于道德目的的异化,说严重一点,就是德不配位。教育的道德目的,不是个人目的,也不是小集体目的,而是一个国家、民族对教育发展的核心价值的追寻。所以李镇西会说——我想办一所没有特色的学校。

有一回,易中天在百家讲坛说中国人没有信仰,即使有也是信仰实用主义,引发了很多人的批评。窃以为易中天用错了"实用主义"这个专用名词,实用主义的本质不是讲现实、重当下利益,而是疏于道德目的、个人利益至上。他所批评的,是国人普遍意义上的无视道德目的的现实化倾向。

所谓玩物不能丧志,志就是道德目的。所有的学校教育变革如果偏离以学生为中心的"因材施教"这个道德目的,必将逐步产生利益冲突,激化矛盾,最终以失败收场。此为戒!

我们主张建设"热情、鼓励、长善、救失"的教风,热情是态度,鼓励是方法,长善、救失是目标,都围绕教育的根本道德目的——"因材施教"。

(2019 年 11 月 21 日)

2.

透析学校教育变革的壁垒

推动当前的学校教育变革，要认清"一个现实，两重壁垒"。

一个现实——一方面，尽管学习能力分化从小学三年级开始就客观存在，但由于我国学生基数大、地方差异大、教育资源分布不均衡，我们不可能在国家层面细化设计"因材施教"的分流教学制度；另一方面，基于教育规律，如果不实施"因材施教"，我们的学校教育改革就不可能深入本质，实现人人最好的发展。所以我国当前提出的"分层教学"理念，其本质是以希望学校为单位，将学习能力不同的学生组成不同的学习群体，实施区别化的分层差异教学，以满足不同基础、不同能力学生的发展需要。

"分层教学"不是"分流教育"。"分流教育"是国家（如新加坡）或地方政府根据学生客观学能差异，在整体上把学生分成不同的源流，在不同源流学生中实施不同的教学课程、教学进度。例如新加坡的初级中学有学 4 年的，还有学 5 年的，学完后都参加同一水平测试后毕业。在该制度下，老师在同一节课上面对的学生，其基本学习能力是大体相同的。

而"分层教学"是在同一个班集体中，根据学生能力的差异，开展服务于不同水平学生的教学。要真正在同一课堂上对差异极大的学生群体实施分层教学，做到既扎实又高效，是很难到达的理想状态。

基于我们的现实状况，既然大范围进行分流教学不可能，就自然会产生这样的尝试——在同一所学校内，把不同能力的学生编成不同班组，开展分层教学。这算是对实施"因材施教"最有效、最可能的补充了，理应成为目前我们实施"因材施教"最可能的途径、最有效的策略，也应该成为我们实施学校教育变革的道德目的和追求。

但我们实施起来仍然举步维艰，困难重重。原因在于主要还存在两大壁垒。

第一层壁垒，在于社会对广大家长进行科学教育观的引导不足，有时甚至还在负强化。

随着大学扩招，目前国内几乎每个学生都可以上大学。这导致大部分家长都认为自己的孩子是精英，认为只要学生努力，只要在小学、初中、高中、大学抢占到好的教育资源，自己的孩子一定可以成为人中龙凤，而诸如"赏识教育""成功教育""没有教不好的学生"等论调甚嚣尘上，都在无形中扩大了教育的能力，似乎教育是万能的，任何一个孩子都可以被培养成精英，从而缺乏其实绝大部分孩子都只能成为普通人的客观认识。

前些日子，杭州某知名中学学生因抑郁症跳楼，原因在于因为学业成绩跟不上，他担心被学校安排到教学进度慢一点、教学难度低一点的班级去。家长在痛惜之余质问学校的换班制度不合理，并大肆借助网络舆情给学校施加压力。家长不检视自身有没有"拔苗助长"，却一再质疑学校的"因材施教"，这已经成为社会教育观念失衡的常态。

新加坡花了 30 多年的时间,才让国民普遍接受了"材"质是有区别的(是有区别,不是有高低)这一事实,让每个家长在小学开始就给孩子以合理的发展定位。如今,即便是"小六"分流考试失败,这些学生也可以进入诸如北烁中学或者明径学校这类适合他们发展的好学校。即便现在仍有个别人质疑过早分流给孩子贴标签阻碍了一些大器晚成的学生的发展,但对绝大多数学生来说,他们已经接受怎么去选择适合自己的学校。只有给不同的学生以不同的发展,才是真正严格意义上的"因材施教"。而要使广大群众形成这种共识,对我们来说,恐怕同样非得 30 年之功不可。

第二层壁垒,在于基层政府的教育治理不易。国家教育的核心价值观、学校教育的核心价值观和地方政府的教育核心价值观只有达成一致,并以完整的法律体制予以保障,学校的教育变革才能科学深入。可一旦发生某种意外事件,或者某些个人为了一己私利,借助事端挑起纷争,煽动社会戾气制造舆论压力,挑战教育基本理念或者制度设计的时候,这种一致性就很容易被破坏。不少地方基层政府部门怕烦、怕闹、怕上访、怕压力,往往会牺牲教改正确理念的价值,牺牲正确制度设计的价值,做出让步妥协,以满足个别人或小群体明显无理的要求。

一些地方政府基于各种原因,严令高中不可分层编班,似乎只有让吃得快的人跟吃得慢的人一起吃才是公平,让吃得快(慢)的人只跟吃得快(慢)的人一起吃就不是面向全体。这恐怕不是教育改革的道德目的。打破这层壁垒才是地方政府需要提升的教育治理定力。

现实已清,壁垒已明,学校教育改革要如何深入?

"苟利国家生死以，岂因祸福避趋之。"现实如此，国家盘子太大，正需要学校从小处着手改革；家长观念固化，学校应徐徐图之以转变；地方政府有压力，学校可凝聚更多共识，"从大处着眼，从小处着手"，凝聚多数家长有效之识，消减少数家长抗拒之力，减轻地方政府施政之压。学校教育改革，岂会不深入？

有些理念必须坚守，有些价值观不可被打破，比如分层教学，比如分流教育制度，因为它们都导向教育变革的共同道德目的——"因材施教"。

（2019 年 11 月 21 日）

3.

阳光小学还需哪些变革（一）

有些人，走着走着就散了；有些事，做着做着就成了。前者是因为缺乏改变，后者是因为时刻在改变。

既然变革是发展的本质，我们的学校就需要做出改变。那做哪些改变呢？学校变革的道德目的——"因材施教"，就成了引导我们改革的根本方向。如果问以后的阳光小学要围绕什么进行变革，我们不妨围绕以下几个问题进行方向性思考。

——我们是否做到了照顾精英？

精英，这个词在以前还写作菁英。理论上，精英在一个群体中客观存在，占3％—4％。虽然人数少，但是人类社会90％的科学创新、科技创造要靠这类人去完成。华为公司之所以能够在5G领域独占鳌头，根据任正非自述，源于10多年前一个土耳其教授Arikan的一篇关于极化码的论文。华为公司提出要不计成本跟谷歌抢夺世界名牌大学的冠军毕业生，是因为精英代表着未来的一切可能。这个时代不一定是精英创造的，但一定是靠精英推动的。

在许多国家，被遴选出来的教师大都不算严格意义上的精英。

在新加坡,大约前30%的毕业生可以进入教师队伍;在芬兰,约前10%的毕业生可以进入教师队伍;在我国,目前约前20%的毕业生可以进入教师队伍。所以,学校如何培养群体中前3%的精英人才,往往存在先天不足。

要思考学校的制度设计是不是给优秀的学生提供了更多的选择,是不是给他们提供了更丰富的土壤,是不是给他们提供了更广泛的引领。比如,如何制定更加有效的精英奖学金制度,如何引入、创造更加丰富的精英课程,如何培育、引进适合精英人才培养的师资团队,如何区别提供多样化的作息时间,如何强化精英团队的价值观教育等。解决好上述任何一个问题,都可以推动学校更进一步。

客观上,小学生三年级学习结束后,学习能力已经基本成形,达到了可以分流的条件。所以新加坡一开始在小学三年级后开展分层分班教学。尽管后来调适到小学四年级后开展,但分层分班教学的目的并没有改变。如何在小学中段开始进行有效的分层教学,应当成为我们的学校变革的核心问题来思考。

关注培育英才,不是违背教育公平,而是创造未来。

——我们是否做到了托底提底?

托底,在于给每一个学生应有的发展。虽然从客观规律上来说,一个群体中极特殊的学生不会超过3‰,但在现行大班额授课下,还是会有15%左右的学生成为得不到有效发展的群体。这个群体的底怎么托,怎么把这部分学生提起来,同样是评判一所学校是否在做有良心的教育的标志。

我们学校的制度设计,是不是给他们提供了不一样的目标要求,有没有给他们组建同质学习小组,是否对他们提出了相对较低的学习要求,有没有长期积累并整理出专门适合他们的学习资源,能不能找到他们相对领先的智能领域强化,有没有凝聚这批家长的共识为他们提供特别的课程设置? 只有解决这些问题,才能真正提升学校的教育品质。我们必须在这条变革的道路上,追求宁静致远。

关注托底提底,决定着学校办学的现在。

——我们是否配齐了面向全体的教学硬件。

毫无疑问,我们当前能做的,还只是满足面向全体学生的基本条件,更精准地说——只做到了面向行政班的办学条件。比如一所学校有 24 个行政班,配备 24 个班级标准的教室、功能教室、运动场。而真正要做到"面向全体",实现"因材施教"的目标,是要打破行政班的设置,依据面向不同层次的分层教学班来配备硬件的,这需求要比 24 个班级的多得多。这提醒我们,要以建设符合分层教学班需求的硬件条件为目标,从长远上来全面规划建设我们的硬件设施。

举例说明,我们要在现有行政班教室中为这些托底的学生配备足够他们观察、学习、表达、沟通的设备,如给现有教室配备多方位的视听平台,防止单线单轨教学组织方式中命令信息的丢失,如给底部学生建设特殊的反馈通道、反馈平台及优先反馈措施。更重要的是,我们有没有建设好分层分班教室,建设大量的供 8—12 人学习的小教室、自主学习室、自主阅读室,给这些学习室同样配备完整的教学资源(如多媒体平台、自主学习终端等),给不同年级、不同层次的学生在自学、在线学习、老师分层指导的时候,提供更为丰富的场所。

以小课室为依托,以精准提高为目的,积极走出去,努力请进来,将成为学校今后能否真正实现高品质教育的关键。

（2019 年 11 月 24 日）

4.
阳光小学还需哪些变革（二）

上一篇，围绕学校如何培育精英、托底提底展开论述，并着重围绕该提供怎样的硬件建设配套，做了一些方向性预设。

就阳光小学本身而言，仅仅只有预设与思考是不够的，我们更需要准确务实的实施路径来保障，需要系统性的设计来支持。所以我们不妨再思考以下几个问题。

——我们的办学能力还存在哪些不足？

一所学校的优越性，首先体现在制度设计的优越性上，然后才会衍生出各种风气，形成行事文化特征，达到国家课程实施的高度校本化以及校本课程实施的特色化。阳光小学从一所城乡接合部的薄弱学校逐步发展至今，目前学校所处的状态还只是打破原有的趋势，通过几个点位上的提升，使学校站上一个新的止损平衡点。

必须认清，我们还远没有做到长远发展 30 年的战略布局：我们的自我检测、自我纠偏系统远没有建立，我们还经常会陷入鸡毛蒜皮无效事务的囹圄之中；我们还经常行走在缺乏自我价值导向有样学样亦步亦趋的迷途之中；我们在全方位高质量培养优秀人才上仍明显不足;我们为老师提供的发展机会和待遇远远不够。

——我们还需建设哪些面向全体的课程?

面对老师,我们是否准备好了学习法方面的培训课程;面对优先发展生,我们是否准备好了成系统的高阶知识技能课程;面对普通群体学生,我们是否做到了精简课程,强化学法;面对基础生,我们是否具备相对低水准的检测系统,通过调低要求积累其直接经验,强化课堂体验使之得到应有发展;面对学生预习、课堂笔记、阅读摘记、打草稿、家庭作业自我监控管理、学习用品整理、课堂倾听、表达、书写、朗读、写作、质疑、纠错等专项学习技能,我们有没有统筹安排专题指导课程,有没有大小课结合全面落实、分年级差异有序推进;我们如何完善行之有效的品德教育行为课程体系;我们的"会劳动"课程群该如何完善生活教育项目;我们的"会学习"课程群该如何达成学生的应用性学习目标。这些问题,要成为今后学校课程改革的关键问题予以思考解答。

——我们还需提供怎样的面向全体的评价?

评价虽然是整个教育系统的事,变革评价应该从国家评价制度开始,但我们自身首先要实现务实的绩效评价。那我们该如何实现更加务实的绩效评价?要如何突出年度教学业绩考核的中心地位,突出增值评价,精准评价年度教学业绩水平,发挥年度教学业绩评价在职务晋级、薪酬提升方面的关键作用?评价不是遴选制度的代名词,面对教职工队伍,面对学生,我们该如何把握科学、全面评价?我们要如何兼顾好评价的公开化和隐私性?如何倡导并发挥即时评价的高效作用?这些问题,也要成为我们学校今后实施变革的导向性思考。

——我们还能怎样改善面向全体的教学?

不可回避,较之于新加坡,我们学校的学生目前困于课堂的时间多,在课堂上听老师讲解的时间多,课外活动时间少,自己进行讨论、研究性学习的时间少,能够在课外辅助活动中学习交往规则、锻炼组织领导能力的机会更少。如果我们还只是一味增加课程门类及数量,寄希望于通过增加或者改进老师的教来提高学生的学,将会是教学组织管理理念上的一大偏差。

当前,经常有老师觉得学生的书写能力一届不如一届;语言表达能力一届不如一届;家庭作业准确率、收齐率一届不如一届。这些最后往往被老师归结为学生的学习习惯越来越难培养,家庭教育配合度越来越低,学生越来越难教。

实际上,根本原因有二:一是课程太多,每个老师都要抢课时才能完成教学任务,导致课堂讲解挤占了太多学生练习的时间;二是知识传授替代了学生智力发展训练,学生各项智力要素没有得到足够的操练,更缺少操练中的指导。

我们必须减少老师统领学生的时间,组织学生有更多机会自主地学,发展学生有序、有效自学的愿望和能力,真正关注养成学生的读书、写字、思考的能力和习惯。

在具体操作层面,课堂上要精讲多练,确保每个学生每堂课得到 10 分钟以上的操练时间,防止其在单线程的师生交互中无端等待而耗费时间。早自习、午间管理、托管时间都要尽可能组织学生自主学习——老师给定一个任务目标,让学生朝着这个目标努力。不要都要求学生"齐步走",而要安排好学得快的学生下一步做什么,腾出时间个别指导学得慢的学生;不要随意打断全体学生的学习进程,让所有的学生保持长久的注意力做下去。老师只在过程中提醒个别无效活动或者注意力分散的学生,并不断表扬学生在交互、质疑、专注度中的优异表现。这样,才能真正让更多的学生得到更丰富的发展。

——如何提高老师的发展机会和待遇?

虽然目前我们的教师待遇在体制上基本由政府确定,但并不代表学校不需要改变。

我们该考虑如何有效用足用好学校福利经费,确保现有较少体量的福利经费不被挤占;要认清不同年代的人生存的困境,通过有效利用学校资源,满足教师在校的福利待遇,进一步丰富教师在校的精神生活。我们该如何为教师创造实现自我价值的空间,充分发挥教师的知识价值和专业优势,让教师的劳动产生更多的社会效应?我们该如何利用学校自身的隐性资源和社会影响,为教师提供合乎规则的隐性福利,为教师的社会活动、家庭生活提供更多的便利?

关键之处,还在于在现有人力资源、硬件条件严重不足的情况下,学校该如何无中生有:一方面物尽其用,使现有资源效用得到最大化发挥;一方面引进社会资源,补充现有体制的不足,切实发挥家长群体的能动性,使之为全面落实"因材施教"服务。

以上问题如果在学校管理中能不断被考虑,不断被强化,并得以调适发展,阳光小学变革的进程才将是可持续的。

(2019 年 11 月 25 日)

5.
学校变革应务实而不现实

务实,指着眼于学校教育的道德目的,立足核心价值,追求人人都得到更好的发展;现实,泛指着眼于当下的工作需要,立足镀塑金身,追求急速快捷的办学社会效益。

有一些急功近利的办学倾向不得不引起思考,归纳起来,大致有以下 2 类。

——学校办学的"名片化"倾向。

"名片化"思想来源于行政管理,县域经济竞争往往用一张张"金名片"来体现。"名片化"的办学倾向,往往以教学资源建设、教育项目管理或者教学活动组织中的某一个方面、某一个环节取得的"金名片"来作为办学成绩,突出把教育系统工程中的某一个环节做大做强。

"名片化"是当前比较普遍的办学倾向。这一方面源于教育行政部门各线工作目标分类分项考核过多,部门之间抢占业绩,另一方面源于办学者为了突出工作亮点,采取定点打围凸显办学业绩的运营方式。如现行的"一校一品"建设,"美丽校园"建设,各类"特色学校""基地学校"建设等,都在一定程度上助长了"名片化"

办学倾向。

"名片化"办学倾向已经引来一些质疑的声音。尽管建设某一张"名片"可以在某些环节带来一定的办学效益,可"名片化"的校园无法从根本上把握育人工程的系统性,往往失之东隅,收之桑榆。因此李镇西说——学校所谓"打造品牌""人无我有,人有我新,人新我精"这些说法,显然是一种办企业的思路,是面向市场的思维,在义务教育阶段是不需要的。因为朴素比"特色"更美丽,良心比"品牌"更珍贵。

在新加坡,除了教育部倡导每一所学校都是好学校之外,学校没有那么多标签。决定学校办学质量、办学能力的,是"卓越学校"评价制度及评估结果。该制度由新加坡教育部直接主导,根据"卓越学校模式(sem)"评估指标检测学校现有的政策、目标、策略、项目、活动流程,提出问题所在及改革建议。学校每1—2年开展一次自我评估,根据各个指标呈交报告,通过电脑系统呈交教育部;每5年自行向教育部学校评估处提出验证申请。新加坡教育部则根据学校申请,组成一个验证委员会,进驻学校进行为期3天以上的现场评估,并在评估数周后向学校提呈正式书面报告及评分结果。除此之外,新加坡政府只提倡学校根据国家核心价值观办出自身特色,得到社会群众认可,而再无其他评选。

近年,新加坡倡导"以更加全面的角度评价校长与教师,以更加宏观的方式评估学校"理念,实施名牌校长出掌一般学校、名优教师任教薄弱班级策略,大范围进行校长、教师的流动,不断倡导"适合你的学校才是好学校"的理念,不断提升群众对"每一所学校都是好学校"的认可度,走出了一条高位均衡发展之路。在2016年国际学生评估项目测试中,其科学、数学、阅读均获世界第一,在

2017 年协作与解决问题能力测试成绩也为世界第一,这些成绩离不开其"卓越学校"评估制度。

让管理人、事、物的部门认清职能,安心做好保障,不要动不动跳将出来,率性评估,分发名目繁多的"金名片",这或许是拔除办学"名片化"病灶的有效方法。

——学校办学的"运动化"倾向。

学校办学的"运动化"倾向,指办学变革的动力不在于自身,而在于行政命令推动,其本质上是学校办学丧失主动思考能力的体现。

具体表现为:学校是各类比赛的参与者、响应者,却不是实现自身教育价值的教育活动的发起者、设计者、推动者;学校中安排的活动、比赛繁多,但对应全体学生教育核心价值观培养的不多;政府部门的荣誉经常挂,教风学风建设却很差……

学校办学听命于行政指令本无不妥,可如果行政部门没有做好统一协调,监察、安全、文明、综治、环保、组宣、文化等部门都各自为政,指令学校将各个部门将各种主题教育内容进课程、进课堂,学校就会疲于奔命,无所适从。

2019 年,在浙江省双代会上,曾有代表调查统计杭州某一学校后建言——学校一学年接受了 200 余项各类主题教育进校园活动,平均每两天至少有一项"××进校园"活动。每项行政命令推动的"××进校园"之后,往往还伴随着检查考核。以至于当前学校要应付的检查、评估越来越多,学校管理的常态变成了各类迎检活动。即便一些地方政府也看到了这个问题,不断下发文件阻止各项"进校园"活动,可依然收效甚微。

学校办学的"运动化"倾向,根源之一在于国家教育核心价值观在教育行政执行过程中的泛化。上一级教育行政部门不能统领其他系统、部门提出的给青少年一代的价值传导诉求,缺乏把零散的、条块上的价值观统领为国家教育核心价值观后的自信,更缺乏把国家教育核心价值观落实到培养人身上的有效抓手和行动力(如课程系统、教学法系统),所以学校在执行层面经常被加塞下位的、零散的、不成系统的价值传导目标,陷入你指一下他插一足的状态,直接导致学校课程被越塞越多,学校评估越评越繁,检查考核一地鸡毛。

学校办学的"运动化"倾向,根源之二在于无视教育系统应有的完整性。国家教育层面提前谋划的"以传导国家教育核心价值为目标→通过课程、教法、课外活动→培养全体学生成为全面发展的人"的系统,应该是具有前瞻性、完整性、相对闭环式的。但由于对教育的财政投入在地方政府,考核评价权在地方政府,所以教育行政部门的垂直领导力被日渐削弱,学校办学的主动能力逐渐丧失。

如何让学校办学不再"运动化"? 姑妄言之,收归地方政府对学校发展的评估权,由更高一级教育行政部门制定核心评估体系进行评估,设定学校评估科学的间隔年限,切断地市级及以下教育行政部门所有与其他部门的联合签发的文件……不失为有效路径。

(2019 年 11 月 26 日)

6.
学风第一

当前,学校变革的潮流轰轰烈烈,形形色色的学校办学理论如雨后春笋,各式各样的教育品牌杂志纷至沓来。学校办学绩效的竞争演变成一个个治校管理策略宣讲的竞争。这令许多人相信做教育要边做边说,甚至可以先说再做。"实践是检验真理的唯一标准",落到教育身上就会被选择性遗忘。

近日,《人民日报》点名批评了陈安之的成功学是一碗"毒鸡汤",诱因是有 2 名中年妇女被价格昂贵的成功学培训害到几近家破人亡。文章特别指出——所有的成功都是不可复制的,不要做思想的巨人,行动的侏儒,因为精神上的自我胜利易如反掌,行动中的自我进步难如登天。

学校教育变革关乎为未来培养怎样的人的问题,是国家战略成败的关键,更不可只停留在说说理念、谈谈策略上,教育如果只追求一个个如"陈安之"之类的成功,这种思潮一旦演变成常态,对务实体制的破坏将是致命的。

英国著名哲学家培根说过一句话——最近的捷径通常是最坏的路。

回到学校变革,我们当以什么为先?李希贵说"学生第一",又说"教师第一";新加坡的"卓越学校"管理模式提出"学生为先,老师是关键",这两者本质上可归纳为"学风第一"。因此,阳光小学把学校办学变革的首要任务定位在建设厚朴的学风上。

为什么"学风第一"?因为学风直接反映的是学生对知识、能力的渴求程度以及在学习中的勤奋刻苦、纪律严明程度,是学生的学习需要、学习动机、学习目标、学习态度、学习行为等多项指标的综合体现。学风的形成,既是一所学校所追求的教育核心价值观的集中展示,也是教风的展露和校风的体现。

在办学实践中,阳光小学坚持以育人为首,面向全体,以全面建设厚朴的学风为抓手,实践立德树人的教育理想。总结几年来的实践研究和思考,以下几条经验值得守持。

——突出年段重点抓学风。

把"勤躬行、重阅读、尚思考"的学风建设目标,分解在各个年段中,就形成了阳光小学教育的"二十四节气歌":

一年级——学拼音、勤识字、懂规矩、听号令

二年级——重书写、练运算、强记诵、成规范

三年级——首阅读、重积累、抓英语、促管理

四年级——求速度、拓兴趣、要习惯、达自理

五年级——练表达、熟读写、重思考、强体魄

六年级——成技能、讲文明、求进步、磨意志

每个"节气"都是孩子生长的节点,都包含相应的课程设置、技能训练指标、过关检测方式。每一个"节气"来临,学校都要与家长沟通,以形成共同认知,还要不断完善学科专项能力测评体系,丰富主题学习竞赛活动,深入课堂师生情态交互评价(另做专题说

明),贯彻执行每个年段的学风建设重点,切实做到应时而耕。

——夯实品行课程养学风。

首倡"勤躬行",就是强调学风建设不应停留在嘴上,更应该落实在课程中,表现到行为里。我们仍需进一步推动学校劳动课程的主体化、序列化、体验化,继续深入培养学生的亲学校、亲社会、亲家庭行为;要继续严格执行落实《阳光小学违规违纪及不文明行为惩戒实施方案》;还要推动道德教学金的表彰效能,不断提高"七色阳光卡"的道德激励功能,夯实以行为本、以德为先的学校品德课程体系建设。

在新加坡,举国上下有一项"德育在于行动"计划,除了国家层面设置完整的以行动为导向的品德与公民课程之外,还要求每个老师每周至少带一项课程辅助活动课(3—5小时)。这些项目的专业教练是外聘的,但老师的职责是带动、组织、鼓励学生参与,在课程辅助活动中培养学生合作、拼搏、交流、创造、团队等21世纪的关键技能。真正的品行,只有在群体活动中、在老师带领下,以核心价值观为指导,才能得以培育发展。

——落实有效评价强学风。

一方面,要创设多维度激励制度。要指导家庭教育有效参与,特别是要以家校联系本为突破口,突出家校联系本使用的规范,促进学生养成按时、专注、高效作业的习惯,促进学生养成抄写作业一丝不苟的负责态度,引导家长形成适时鼓励教育孩子的教育自觉,帮助孩子形成家校一致的学习状态。今后还要逐步把家校联系本建设成为具备学校特质的《阳光小学学生手册》,使其成为学风建设的核心抓手。

另一方面,要突出对评价过程的组织、把控。把学生的阅读摘记本、生字抄写本、听写本、写话本、课堂作业本、作文本、口算本等各类学科作业完成情况纳入期末综合素质测评;把每一项测评成绩的来源落实到学生平时的努力中,突出对平时作业的态度、习惯、正确率的要求,提高平时作业在期末素质评定中的综合占比。

只有让学生切实体会到付出一分努力,就有一分收获,学生才会时时自省,不断通过自身的努力取得进步,养成厚实、进取、淳朴的学风。

(2019 年 11 月 27 日)

7.

沉淀"阳光基因"，立足学校系统性变革

苏霍姆林斯基在《与青年校长的谈话》中有两句话令人印象深刻：

（1）不管真理在教学中如何早已为人们所熟知，但是对于每一个老师来说，都应该做成自己的发现。

（2）小学阶段，如果仅仅教给学生一定范围的知识，而不专门在发展儿童智力上下功夫，那么是难有收效的。

教育是一项复杂的系统工程，学校变革是如此，一个学生的全面发展也是如此，所以学校教育变革必先基于系统思维设计。回顾这些年来的工作，我们始终在坚持做两件事：

一是把已知的教育真理，做成老师自己的发现，变成自己的教学习惯和行为方式，我们称之为——沉淀"阳光基因"。二是始终立足于学生的智力发展，在培养小学生感知、观察、注意、倾听、想象、表达、思维等能力的系统发展上下功夫，不刻意去做某项课程、某类活动的"特色"，我们称之为——立足系统性变革。

回顾这五年来阳光小学的办学改革历程，大致可以梳理出两条脉络：

——凝聚共识,追求共同的教育价值。

首先要明确核心价值——教育本质是什么?我们主张教育的本质在于传导价值。阳光小学办学的核心价值体系包括四个方面——语文文字系统、知识技能系统、情感体验系统、价值判断系统四大系统。这项办学核心价值观的研究曾经获得浙江省教育教学论文评比一等奖,最近通过了杭师大专家组验收,经历了时间的考验。

通过这四大系统核心价值的传导,全校学业质量指数逐年大幅上升。从 4 年前的全市第 83 名上升到 2019 年的第 9 名,2017、2018 学年更是连续获得了教学质量奖,被评为温州市首批新优质学校示范校,这是我们坚持办学核心价值不动摇的结果。

其次,要盯紧目标——培养什么样的人?四年前我们提出"培养会劳动、会健体、会学习、会生活的阳光少年"。今天再看这"四会"培养目标,我们甚感欣慰。"会劳动"作为首要培养目标,比国家重提"德智体美劳"全面发展早了三年。在全国轰轰烈烈地做新劳动教育的浪潮中,我们学校已经扎实做了三年,劳动教育深深融入阳光教育的血脉。我们仍要继续将劳动课程打造成学生群体教育的主阵地,促使学生获得更广泛的直接经验积累,促进学生情感态度的内化发展。

——立足评价,撬动学校的全面变革。

撬动一所学校总体改革发展,必须有一个能够牵一发动全身的支点。五年前,我们选择了学生学业质量综合评价改革这个支点。

一是利用"评什么"倒逼学校完善自身课程结构。三年前,我们把学生品德发展、学业水平、身心健康、幸福生活四个维度作为一级指标,把行为习惯、公民素养、体质健康等 20 项二级指标的达成落实到所依托的课程中,谁来评,评什么,用什么课、什么活动来评价已经全部厘清。我们开发了《阳光小学学生素质发展报告单》评价数据库平台,家长、学生、教师多方位、多项目参与评级过程。评价系统发挥了全程跟踪记录的功能,学生在校六年的综合素质评定一目了然。

二是解决"怎么评"来加快教学方式变革。如今,学校"拼音能力、识字量、词汇量、书写能力、写作能力、计算技能、数学思维可视化表达、解决问题能力、实验能力"等 11 项专项能力检测,已深入人心。通过检测数据(如下表),我们才能分析不同班级的学生各项知识、技能发展的不足,分析不同老师在教学上的差异,才能真正实现以数据为支撑的科学管理。

表 2　阳光小学 2018 学年第二学期专项检测数据分析及建议(四年级)

一、相关数据分析
　　(1)课内识字掌握率 93.6%,仍有待提高;
　　(2)扩展性识字掌握率 86.4%,处在合理水平;
　　(3)词汇量段内差异很大,其中四(＊)班达到 6.18 个,而四(＊)班只有
4.35 个;
　　(4)段内朗读水平达成率为 69.5%;
　　……
二、后续班级管理及教学研究方向与建议
　　(1)四(＊)、四(＊)班仍要着力提高识字巩固率,在教学中提升策略;
　　……

通过这样的监测,如何弥补不足,切实提高课堂教学效率,自然成为老师改进自身教学的内在需求。

于是,我们开始建设阳光"四声"课堂——强调在突破教学重难点时应有掌声,在课堂生成中要有积极情感、有笑声,在课堂练

习时要确保十分钟时间听到读写声,在提问时要给足学生思考时间听到呼吸声。每次教研课都用这个标准去评价,引导老师把一个个教育规律做成自己的发现。

在取得成绩的同时,我们必须面向全体学生,检视自身不足:

(1)学生健康体质监测水平明显落后,培养"会健体"的阳光少年仍需砥砺前行。

(2)教育唤醒心灵的功能仍旧不足。当前我们的团队在教育过程中仍嫌批评太多,表扬太少,对知识关注太多,对智力关注太少。

(3)教师的教学创新仍然停留在某些知识点上,关注点还需转移到学生专项学习技能(如复习、预习、整理、自我管理、质疑……)、整体知识链(如跨学科学习、解决真实问题学习等)和学习法改进上来。我们仍需要坚持不断改革,沉淀"阳光"基因,唤醒学生心灵。

(2019 年 11 月 29 日)

8.
让老师安心做个教育的实践家

一所学校的素质,不可能超越其教师队伍的素质。

要打造一支好的教师队伍,国家靠的是科学合理有效的教师评价考核晋升体制,学校靠的是在国家的体制基础上,建立起自身完善的教师考核晋升机制。

可以作这么一个推定——一所学校教师队伍的素质,取决于国家、地方政府能否强力推行符合核心价值观的科学高效的教师评价考核晋升机制,以及学校执行该机制的效度。一旦一所学校对教师的评价考核晋升制度出现偏颇,评价的重点不能落实到教育核心工作上,学校的办学高度也就必然有限。

制定学校教师评价考核晋升制度的核心,在于确定考核的核心指标。如果考核核心指标侧重在学生学习能力,教师的工作重心就会落在学生上;如果侧重在学校、教师的荣誉,教师的工作重心就会落实在积极争取荣誉上。如果以一个社工的标准考核教师,教师就会变成社工;如果以学术人员的标准考核教师,教师就变成一个研究员。所以,制定教师评价考核晋升指标的核心在于——我们需要教师成为一个怎样的人?

我们需要教师成为一个怎样的人？是一个安全生产管理员，是一个社会工作者，还是一个研究专家？在现实中不乏这三种导向。

在当前安全工作压倒一切的单胎家庭组成的社会中，我们的教师用了太多的时间去做安全生产管理员，这本应该是社会治理的职能而非教育的职能。

"教师是不是社工"这个命题，竟然还郑重其事在一些媒体上被广为讨论。如果教师在取得教师证以后还要考取一个社工证，愚以为这并非教师专业化道路上的进步，而是倒退。

如果教师都成了研究专家，那谁来实践研究的成果？研究的成果不能转化为教学实践，研究又有什么意义？教师又如何有时间站在前人的肩膀上吸收转化已经被实验证明的教育研究规律，来快速提高自身教学的科学性和有效性？

给我们授课的胡春河先生担任过新加坡 15 年的中学校长，他一再强调，在整个新加坡没有要求普通教师写论文，没有要求教师制作微课，没有组织教师制作课件比赛，没有要求教师必须制作、使用什么资源，没有开展公开课竞赛活动……教师的教学专业能力只在一年两次（年中检视、年终业绩综合评定）学校组织的考核中认定。认定程序先由教师所在部门主管考核，再在学校内部综合讨论，在充分倾听部门主管、分管副校长的意见后，采用定性评价方式评定。考核结果决定年终花红（相当于 0—3 个月不等月薪）多少，并且作为个人隐私保密。当我们访学组成员问及是否会有老师不接受考核结果时，胡先生的回答是——集体的主观就是客观，在新加坡大家都能接受这点。

支撑这套教师考核制度的，是新加坡的教师晋升制度。新加坡教师在经过入职 3 年的课室教师生涯后，学校会对其开展潜能评估(这项工作有科学测评体系,在此不细说),之后让其在三条教师发展轨道中选定一条。一是教学轨道,可依次晋升为高级教师、主导教师、特级教师、首席特级教师;二是领导行政轨道,可依次晋升为科/级主任、部门主任、副校长、校长、校区督导、司长、部门司长、教育总司长;三是高级专科轨道,可依次晋升为高级专科①、高级专科②、主导专科、首席专科、总专科。三条轨道中,特级教师、主导专科教师相当于副校长,首席特级教师(例如全国华文首席教师总共设 1 人)、首席专科教师(相当于课程教材专家组首席专家)相当于校长,享受同等公务员等级薪酬。

新加坡对教师的三条发展轨道设置具备两项重要功能。一是体现能力差异合理用人,可以保证让有管理才能的人在行政轨道专心管理好学校,让研究能力强的人转岗到专科轨道做教育学术研究,让教学能力强的教师安心教学。二是避免跨轨道竞争,确保更多老师安于轨道之内工作,只要在同轨道内把事情做好,老师都能晋升职务等级。比如,只要把教学做好,同样能够达到校长、主导专科教师的公务员等级薪酬。

在这种评价考核晋升体制下,新加坡的教师队伍建设呈现出特有的生机活力:

(1)校长、教育司长、首席高级教师、首席专家等人员一定是教育出身的,而且一定是从优秀教师一路提拔上来的。

(2)校长推荐学校中层干部人选要在校群(大约 16 所小学、初中、高中学校)中面试选拔,校长推荐的副校长人选要由国家教育部组织面试选拔。推荐人对被推荐人负责,被推荐人选拔成功纳入推荐人工作业绩,被推荐人经面试考察后存在明显不足记入推荐人工作失察。

(3)优秀的特级教师可以在学校行政轨道或者高级专科轨道任职,而高级专科轨道人员(教科研人员、教材编写人员)也可以到行政领导、教学轨道任职,享受原轨道评定的相应公务员职级待遇。

(4)学校给出的潜能评估结果可以决定教师职务等级晋升的快慢以及薪金高低,任何晋升都取决于学校给出的个人年终考评结果和潜力测评等级。

新加坡的教师晋升制度,回答了"教师应该是怎样的人"这个问题。它提示我们的教育要培养三类教师:一是有突出管理能力的优秀教师,二是有突出教学能力的课室教师,三是有教育研究专长的专科教师。这三类人按照分工不同,不能放在一起按同一标准评估,否则就会引起导向性失误,产生系统性紊乱。

特别是其中的第二类有突出教学能力的教师,需求占大多数。新加坡教育部对他们的要求是——能够有效地教学、关心学生福利、进行课程辅助活动、与家长合作、进行专业进修与提升他人以及做出其他贡献。学生的学业与其他技能目标达成情况、学生品德达成情况、自身的专业发展(主要指教学组织技能)、协助同事的专业发展(主要指指导师职责)、在专项小组工作的贡献这五大项内容,就是评价新加坡的教师一年工作成效和奖金的依据。这跟我们当前偏重于写了多少论文、取得多少上级个人荣誉的评价方式,有本质上的区别。

如苏霍姆林斯基所言,如何实实在在把已经被科学证明的教育真理实践成为自己的发现,才是教师的首要任务。这一点,在新加坡已经被强调落实,在行动上被诠释为——让老师安心做一个教育的实践家。

(2019 年 11 月 30 日)

9.

如何让老师安心做个教育的实践家

　　近百年前,北大校长蒋梦麟的"校长治校"和清华校长梅贻琦的"教授治校"之争,被新加坡政府充分吸取了理论精髓落实到当下的中小学教育体制中,成就今日新加坡校长治校、教师治学的现状。这令人不得不佩服新加坡政府在行政管理中的务实精神和精细化水平。

　　苏霍姆林斯基在《与青年校长的谈话》中指出——如果你想成为一个好校长,那你首先就得努力成为一个好教师,一个好的教学专家和好的教育者……而如果你担任了校长职务,便认为凭着某种特殊的行政领导才能就可以取得成功,那么你还是打消当一名好校长的念头吧!

　　校长,不应该是一个教育理论家,更应该切切实实是一个教育理论的实践家。苏霍姆林斯基较之于巴班斯基、马卡连科等人的最大区别,就在于他是一个伟大的教育理论实践家。

　　在新加坡精英治国理念下,治校方略同样追求精英治校。他们对遴选好校长的工作一丝不苟,只有教师中的精英,才有可能通过潜能评估上升到副校长、校长。如何把一个教师培养成一个副校长,新加坡政府很慎重,得先从一个普通教师做到优秀教师再到部门主任,非得经过十数年工作历练不可。前日在新加坡开化小学,遇上一位新到任的刚从其他学校提任上来的副校长,两鬓已经发白,还处在副校长起步阶段。

自从一个教师成为副校长后,新加坡政府就给出了跟教师发展轨道截然不同的要求,规定校长不能只是一个好教师、好的教学专家或教育者,而是——要以国家教育核心价值观与使命为依归,激励全体教师为共同愿景而努力,以提升他人为己任,带领与处理教育变革。上述四点构成了考核校长、副校长工作的基本框架。

在新加坡,一个老师在成为校长之前首先必须得是公认的治学能手,而一旦成为校长,则必须专心治校。新加坡政府是不要求校长、副校长兼课的,而且给学校配备众多的行政人员(相当于我们的工勤人员),协助校长、副校长、部门主管工作。也就是说,作为校长,你可以不用追求成为特级教师,也不用追求成为学术专家、教学法专家、课程建设专家,而是——做校长该做的事,将带领学校发展作为第一要务。

再看当前新加坡政府推动下的学校给老师设立的奖励项目,就可窥见校长治校的大体轮廓。这些奖项有最佳建议奖、苹果奖、校董创新奖、卓越贡献奖、教师之星、长期服务奖、卓越年轻教师奖、优秀华文/英文/科学教师奖、爱心教师奖、国庆日奖章、卓越教师总统奖等。

根据这些奖项设置来比对研读一下苏霍姆林斯基的几条建议:

(1)要使行政事务工作跟研究教育学、教学法的工作以及担任教学和教育工作结合起来。

（2）校长应做到每天都在充实自己的教育学知识和不断完善教学和教育的技巧。

（3）学生的智力在教学过程中要得到和谐发展，这是实际教育工作中最重要的。如果教师认为自己的任务是仅仅教给学生一定范围的知识，而不专门在发展儿童智力上下功夫，那就必然会导致学生的学业成绩不良。

......

两者都强调学校管理的关键都在于做校长的必须要领导全体教师进行创造性劳动，把教育、教学、研究和了解儿童这些核心任务摆在第一位。新加坡校长的核心素养，大致可归纳为解决"三个问题、做好五项反省"：

要始终带领老师解决三个关键问题。为什么而教——为考试还是为孩子的未来做好准备？教些什么——全人教育、21世纪知识、技能、心态。该怎么教——少教多学、学生为教学过程中心、运用科技资讯组织教学。

要始终带领老师做五项教学反省。我要学生学什么？我怎么知道学生是否学到了？如果学生学得不好，我该怎么做来帮助学生？如果学生学了，我该如何给学生进一步的提升？同一堂课，下一回我将如何改进？

诚然，任何国家、任何政体中的学校，都会面临很多纷繁复杂的事务。苏联时代是如此，新加坡如今是如此，我们也是如此。当前新加坡之所以能够形成如此高效的教育行政精细化管理体系，关键在于他们能够始终抓住教育核心任务，在复杂的教育环境中做减法，始终明白什么事必须干，什么事该干，什么事不要干。

这警示我们要遵循教育的本质、按规律办事，要有勇于摈弃、拒绝与育人无关杂务的勇气,要有解放老师与教育无关工作的决心与策略,要抓住每个学段的教育重点。这就是我们所要追求的落实"阳光基因"四质管理——抓本质、扬同质、育潜质、呈特质。

这"四质"中,当前难做的是"抓本质"。在目前的行政杂务中做减法很难,但再难,哪怕是随时可能要承担批评、问责,也得做,要努力建设一个让老师安心做教育实践家的环境。

值得欣慰的是,我们已经初步形成了 11 项学科专项技能检测校本实施纲要,正朝着建设激励型课堂、活泼型课堂、生本型课堂、思考型课堂迈进,正在与减轻教师的无效、低效工作同行。所有这些管理工作的改变,目的都在于真正唤醒教师探索和分析自己工作的兴趣,让老师安心做一个教育的实践家,让"四质"管理真正成为学校可持续发展的"阳光"基因。

(2019 年 11 月 30 日)

10.

一切侵占教师育人时间的行径都是祸国殃民

"教育立国",这四个字不只是一项政策,更是一种思想,还是超越了现实的治国理想与境界。

一个国家的治理,要能在消除贫困、稳定供需、发展经济、巩固国防、扩大就业、保障医疗、供给能源、便捷交通、发展科技、环境保护、民族团结、国际竞争等诸多重要的领域中,突出优先发展教育,不因某个重点项目、重点工程影响教育保障经费,已属不易。

而要真正执行好"教育立国"战略,则需要凝聚全民共识,统领政府所有部门之力,始终秉承教育优先为第一原则,这绝非一代人之功,非得数代人参与传承接力、尊重、敬畏、支持乃至达到虔诚信仰般的程度,方可成就。其中最需要的是对教育系统体制设计的拥护、对知识的敬畏、对教师的尊重、对教育工作专业精神的认同,总之,要有一份对教育真正的敬畏之心。

只有任何权力部门与个人都具备这份敬畏,不随意破坏教育制度设计、不随意干扰教育秩序、不对教师的工作妄加批评或者横加干涉,永远把教育作为国运昌盛的根本,把一切对教育的谋划和变革当作一场决定国家命运的战役来对待,才算是摸着了"教育立国"的门槛。

为了推行"教育立国"战略,新加坡政府做了两项至今仍影响深远的决策。一是培养重思考的学校、好学习的国民;二是改变学校评估策略,突出学校评估(现在每所学校每 6 年接受一次评估)必须与监督脱钩,与发展挂钩。

前一项决策赋予学校领导层时间与空间领导学校教学改革。如创造有益于教学的优良环境;量身定制课程与教学法,以满足不同能力、志向与背景学生的学习需要;赋予教师更多的时间与空间,进行课程设定、选择有效教学法、开展多元化教学效果评估诊断。

后一项决策保障教师工作既不受外系统政令的干扰,也不必时时接受本系统内的监督检查。教师可以有更多时间检视自身教学工作的不足,专注于自身的本职工作,促进教学专业化能力的提升。

"学校评估必须与监督脱钩、与发展挂钩",说来容易,实施起来却很难。本质上在于以任务为导向的管理架构与以目标为导向的管理架构的区别。

以任务为导向的管理,合理性在于任务明确、标准统一、步调一致、检测及时,不足之处在于任务来源合理性、核心性、科学性、适度性、普适性很容易产生偏差,所谓"将帅无能、累死三军"就是这个道理。

以目标为导向的管理架构,虽然容易契合实际,设定符合本校特点的办学任务,其合理性、适度性、核心性、科学性更佳,更符合学校自身发展的需要,但是一旦学校管理层缺乏对教育事业的使命感,没有过硬的领导力,没有高效的学校文化作为支撑,就不能实施科学有效管理,势必群龙无首,作鸟兽散,更谈不上发展。

所以,如何有效减少侵占教师育人时间的,关键在于校长和学校中层。校长要在以任务为导向的行政指令和以目标为导向的学校发展工作中进行任务分析,精准决策,要永远让团队优先做最有效最急迫的事。相应地,学校中层要时刻分析检视,突出学校发展目标导向,将行政指令性任务、检查融入课程教学常规任务之中,不随意打断、变更课程的系统性、序列性,不随意跳出德育体系、学术课程知识体系之外安排活动,侵占教师育人时间。

要做到这两点,一方面学校要完善科学价值观指导下的校本教师考核制度;另一方面要成立一个办学任务分析行动小组,有效排除干扰,阻断无效任务,提升学校自身办学体系运行的高效性。

在排除干扰的过程中,你也许会挨批,甚至会犯错,但有一句话怎么说来着?——如果你不准备犯错,那你一辈子别想有所超越。

(2019 年 12 月 2 日)

11.
在未来学校，教师要做什么

　　2010 年，新加坡开始推广"未来学校"计划。当年建设了新加坡科技中学等 6 所学校为"未来学校"。2012 年，总投入 8 亿 5000 万新币的新加坡"学校标准资讯通信操作环境"系统投入使用。该系统包括 12 万个电脑操作系统单位以及网络链接和支援服务，让 50 万名学生、4 万名教师和教育行政人员受惠。至 2015 年，"未来学校"增加到 15 所。此后"未来学校"建设逐步放缓，只有学校主动申请，提出科学合理有效的"未来学校"建设方案，并通过科学论证之后，新加坡教育部才会予以建设经费上的倾斜。

　　这些"未来学校"最根本的特征在于：采用电子课本、音频和视频媒体等资讯科技进行教学；利用互联网等电子技术实现对学习过程的实施和管理，开展在线自学和虚拟课堂；利用电脑动画、现场广播录像、视频会议等手段促进教学；利用视觉现实、视觉白板实现在学生之间快速传递信息。

　　根据新加坡教育部、科技局、学生发展课程司的规划，未来的教学，将会呈现如下特征：

　　——学习活动管理系统（LAMS）将继续产生作用，并成为在线学习的新宠,大力刺激在线学习中交流的产生,促进各种学习应用软件的融合。

——网络在线学习将会随着各种电子小玩意和小发明(如各种 APP、小程序)的出现,得以继续扩展,把学习传送到任何时间地点。

——播客将被接受,成为快而有效地将学习传递到移动办公环境的措施。由此,借助小型工具开展的草根教育运动正在发生。

——移动学习(m—learning)将获得大发展,电子学习者将不再需要紧紧地和他们的电脑及网络相连,他们可以在登山时、海滩漫步时、城市街道慢跑时学习。

——混合学习(blended leraning)将越来越被接受。各个领域的专家直播或利用 CD/DVD 提供教学内容,让教师在课堂中使用。在课堂内整合常任教师和远程教师教学内容,这是对教师能力的增效,能用更低的成本带来更多主题领域的高质量教育。

围绕着"未来学校"的建设,教师应该做什么,要做哪些改变?教师如何利用科技资讯进行教学? 中国中央电视台译制的纪录片《无声的革命——新加坡教育解读》中,李显龙说到一句话——如果我们的投入很有限,只能选择最关键的一样,我们将选择投资教师。

新加坡政府培训教师以提升他们结合资讯科技和学生学习需求设计教学内容的能力,通过国立教育学院各类在职专项培训,让教师广泛掌握各类科技资讯使用方法。

"新加坡学生学习平台"于 2017 年建成,2018 年投入使用。该平台由新加坡教育部课程规划与发展司、学生发展课程司共同主导,与新加坡科技局合作经过前期三年的建设改进后,才正式在所有学校推出。

新加坡的科技资讯只被用来促进教育,不可以自由寻租教育市场。新加坡也不依据教师使用科技资讯情况评价教师和学校办学绩效,这也是其一大亮点。学习平台的建设是科技公司的事,学校、教师只使用平台,而不承担制作、上传、建设平台素材、学习材料等事务。

如何将教师从外系统的评估检查中解脱出来,如何将教师从本系统的考核评价中解放出来,如何让学校发挥最大功能自主管理,尽可能减少侵占教师育人的时间,这才是对教育根本意义上的尊重,即便科技资讯时代,也是一样。

因为,国家的未来,在教师的手中走过;教师的时间,只可用于塑造国家的未来。这是新加坡教育人的共识。

(2019 年 11 月 30 日)

12.

改进对教师的评价制度以应时需

在教育制度设计中,评价制度起着导向性作用。而在教育评价制度设计中,核心制度有两项:一是学生的学业评价制度,二是教师工作的绩效评价和职务晋升制度。

学生的评价制度,是国家层面的事,涉及教育公平,是社会公平的基石,如国家中高考制度、奖学金制度等。对学生的评价制度,决定着学生学什么、怎么学,决定着学校怎么教的问题。所以,当前我国不断推进的高考改革,牵一发动全身,不可不慎重。

对教师的评价制度,我们目前处在一种窘境中。一方面,教师的工资待遇福利晋升,是地方政府的事,涉及政府的监督检查和学校的目标管理,所以教师的评价往往由地方政府来决定,这就导致了不同地区在评价方式上存在差异,有时候这种差异还很大。另一方面,对教师的评价制度,决定了教师怎么教、愿不愿意教,决定着学校教育的生态,是教育行政部门必须垂直管理的事,评价的标准要尽可能统一才能凝心聚力。

所以,如何改进对教师的评价制度以应时需,就显得更为急切。

就目前而言,决定当前教师中级、高级晋升的关键在县、市级教育行政部门,而决定年度教师工作绩效评价考核的权力在于学校。学校给出的工作绩效评价(年度教学业绩考核)在教师职务晋升中占比甚微,县、市级教育行政部门设定的教师职务晋升标准难以全面反映该教师在学校真正的教学贡献度,这就是困扰在我们当前学校管理中最为普遍的问题。

如何改进对教师的评价,建设更为健康的教育生态?

首先,县、市级教育行政部门在决定教师职务等级晋升的时候,要提高学校对教师年度教学业绩考核结果(如学科教学业绩、班级建设成效、对学校工作的贡献度等)的占比量;要降低教育行政部门或者教育教学业务管理部门对教师指令性评价成绩(如课题研究、论文、案例、优质课、录像课等)的占比量;要努力摒弃历史原因、体制原因,给全体教师提供均等的职务晋升的机会。

目前,学校对教师的年度教学业绩考核结果往往被视为达标性基础指标,在教师职务晋升中不加区分或者区分度很低,导致很多教师偏离了主责主业;地方政府的指令性评价业绩占比过高,助长了教师从事教学的功利性、短视性行为;人社部门用静止的观点以一成不变的系统内职级分布要求人为设定高级、中级、初级教师的比例,跟不上教师队伍建设变化发展的需要,阻碍了后期教师获得职级晋升的机会,导致不同时期入职教师的职务晋升机会截然不同。这也是不断有提案议案在全国两会上提出要设立教师公务员制度,取消现行教师职务晋升考核制度的根本原因。

其次,应立足学校本位,建设更为健康的校本教师评价制度,如:设立基于学生发展目标的考核奖项。

新加坡政府设立的几个奖项很有意思:如"卓越教师总统奖"。

早在 2007 年,一位印尼族数学教师把学生带到动物园进行数学科学测验,因为组织了有效的跨学科学习,获得该奖。再如"李显龙普通课程创新奖"。早在 2010 年,新加坡明智、毅道两所中学因为以学生为本,在国家普通课程中实施创意教学,就曾获得该奖。此外,新加坡政府还为学校设立了"品格与国民教育奖""学生全面发展奖""教职员工福利与发展奖""教与学奖""教育伙伴奖"等教学过程性奖项。这项奖项的设置启示我们:对教师的评价导向必须坚持落实在教学上、行动中,体现在对学生的教育、启发、帮助里,这是政府对教师评价应有的基本导向。

再看新加坡设立基于学校自身发展目标的考核奖项。

学校如何设立基于自身发展目标的考核奖项,体现为学校的治校水平,也体现为管理团队的协作能力。以应付性态度根据上级教育行政部门的某个文件草率应对教师年度考核的行为,或者以各种主观理由回避矛盾、不区分绩效等次、将矛盾上交的行为,对学校的发展都是致命的。

譬如,围绕凝聚共识制定共同愿景的需要,新加坡学校可以在每年的教代会、重大决策中设立最佳建议奖;围绕培育良师建设、专心育人风气的需要,可以设立教学质量奖、特殊贡献奖;围绕营造团体协作、共同进步的需要,可以设立最佳指导师奖、最佳搭档奖;根据辅导后进生、特殊学生的需要,可以设立爱心大使奖、绿叶奖;根据工作分工不同,可以设立最佳助教奖、无声绿叶奖;围绕师德建设工作的需要,可以设立最受学生欢迎教师奖、最受家长尊重教师奖;根据创意教学的需要,可以设立学校创意教学奖、高效课程奖;等等。

基于校本的教师评价是如此重要,对教师评价的改革,不妨从学校开始改变。

改变自己能改变的,就是成功。

(2019 年 12 月 3 日)

13.

中层干部如何找准学校变革工作的落脚点

学校中层干部是学校发展策略的具体执行者,是推动学校变革发展的关键。每一项学校变革工作一开始一定会面临阻力,因为每一项变革开始都需要跳出原有的舒适区,一部分教师必然伴随着焦虑、恐惧、抵抗,甚至产生否认、敌意,这个时候中层干部能否有明确的目标导向,能否克服威胁产生积极的目标认同,能否组织共同体来消除变革威胁与阻力,能否坚持做到有不因自身利害避趋之的变革动力,就是决定学校变革成败的关键。

中层干部对于学校变革是如此关键,如何为中层干部找准学校变革工作的落脚点,就显得尤为重要。

《管子·形势篇》指出——"人之所以令则行,禁则止者,必令于民之所好,而禁于民之所恶也。"好利恶害是人性,民乐则令行。这提示我们学校变革的唯一立足点——做有利于学生发展的事,做有助于教师班集体建设的事,做有利于提高教师工作效率的事。

学校教师专业化发展的道路,不应是培育"名师",而是培养"良师"。教育近年来已经在培育"明星教师"上走得太快。对于教师取得的个人荣誉,应该予以重视,但没有必要过度宣扬。

学校中层干部如何把一项项上级布置的工作任务要求执行成学生喜欢去做的事、教师愿意去做的事、学校发展目标范围内的事,也就是"民之所好"的事,很不简单。这需要中层干部具备一定的"直升机"思维,既要能够跳出当下的环境看问题,又要能有垂直上升的高度视野观览事务,做到善于思考工作任务,不照本宣科、盲目执行。

在新加坡的学校组织架构中,学校中层干部同样是最累人的岗位。其岗位人选首先要求在优秀的教师队伍中选拔,同时要求其在组织学校各项活动时少一些名利心,使一切工作以有利于提高教师教学效率、有利于教师加强班级常规管理、有利于提高学生学习积极性为落脚点。这些中层干部大多会以牺牲成长为名优教师的代价,为学校的发展贡献力量。

这样具备集体主义观念、能够为集体贡献自己的中层干部,尤为难得,比名优教师更可贵。也只有这样的中层干部,才会在工作中不断被大家所拥护,才能真正带领全校的发展。因此新加坡教育行政部门和学校在对中层干部考核时,是由校群领导组织单列进行的,跟普通课室教师分开考核,并且为他们开辟了单独的管理岗位上升通道,以使得他们拥有更优厚的待遇和更广阔的发展空间。

"令于民之所好",是中层干部管理学校工作的总则;把发现教师工作亮点作为推动教育变革的源动力,则是根本方法。

中层干部应该始终着眼于发现教师工作的闪光点,寻找班级管理的贡献点,挖掘学生发展的进步点。

中层干部要在熟悉所辖教师个人工作特点的基础上,梳理管理对象的教育教学行为,加以发现、筛选、提炼,将其正面的教育教学行为纳入学校办学核心价值加以引导提升,不断倡导正向行为,帮助所带领团队梳理经验、提炼总结,创造条件在全校分享,使之成为凝聚学校核心价值的行为导向。

阳光小学近年来每年两次的教育教学论坛,是一项尝试,但不是终点。"令于民之所好＋发现教师工作的亮点",不但会使学校变革理念更贴近教学实际,同时也满足了教师自我实现的需要,变"要我干"为"我要干",是推动学校发展的根本动力所在。

（2019 年 12 月 3 日）

14.

学校要引导教师成为培训自己的专家

杜威说,教育的目的在于使人能够继续教育自己。

对于教师来说,这句话更应该被理解为——教师如果不能成为培训自己的专家,就不是一个好的教育工作者。

很多教师都希望借助他人或通过外来培训提升自己的教学技能,而实际上,真正改变教师的不是给他何种课程的培训,而是通过学习主动改变自己的学习方式、思考问题方式,最终改进自身解决问题的视角和策略。要达到这样的目标,真正让教师能够自己教育自己,单靠外在的培训是无法实现的。

首先,学校要引导教师追求卓越的情怀。

教育所产出的,是学生知识经验的增广、情感态度的陶冶、是非判断集合的扩大、价值观念的建立、生活智慧的全面生长。做教育者,虽不能兴家于一时,但历来倾心从教者都能以教之道兴持家之道,以育人之理行治家之略,都能从迂腐刻板的酸气中脱身,兴家治国于久安。

孟子说,人生有"三大乐事":(1)父母俱在,兄弟无故;(2)仰不愧于天,俯不怍于人;(3)得天下英才而教育之。这份情怀的获得,需要为教育者能够不被眼前的苟且所蒙蔽,而能真正具备思考为教之价值的能力。

所谓"良农不为水旱不耕、良贾不为折阅不市、士君子不为贫穷怠乎道",为教育者,要躬行不怠、放眼长远,要始终相信"人皆有不忍人之心",坚持培育学生"恻隐之心、羞恶之心、辞让之心、是非之心——(孟子)",才能收获十里桃林,成就自己生涯的幸福圆满。

阳光小学把孟子之"四心"作为培养"会生活"的人的价值内核,作为学校立德树人的衡量标准。培养有此"四心"之英才,教师怎么会不快乐?

而要引导教师追求卓越,关键在于"引"字。假如要求教师把工作做七分,中层干部就要能把工作做八分,校级干部要能把工作做九分。只有坚持这个"七八九原则",方能成就学校教育之高远。

其次,学校要帮助教师认清教育能力提升永无止境。

在选择性教育思想越来越被重视的今天,如何让学生在学校里能够自主选择自己喜欢的课程,让学生在学校学习中多一分自由选择、多一些欣悦科目、多一些发展可能性,越来越考验一个学校的课程设置能力,更直接衡量一个学校的师资队伍建设水平。

随着义务教育课程改革的进一步深化,新的分层教学方式必将深入细化,"因材施教"的要求必将越来越高。生活化教育、跨学科学习、21 世纪关键能力培养方兴未艾,以显性知识识记、理解为主要特征的学习方式已经逐步向综合、分析、重组、思考、发现等学习方式过程。教师不能再简单满足于原有的体艺特长、业余兴趣爱好,不能只做知识的搬运工。只有加强自身对知识的深度学习,进阶为知识的开发者,帮助学生提升获得知识的体验,引导学生获取掌握知识的第一手经验,不但要引导学生掌握学习法,自己也要成为一个熟练掌握学习法的典范,才能真正成为学生的良师益友。

学校师训工作,必须应势做出改变。如何对教师增加管理类课程、学习法类课程的培训,如何提高教师跨学科学习、基础性课程创新设计的技能,如何加大教师自我诊断、自我反思能力的提升,是今后学校师训工作的改革方向。

第三,学校要搭建教师自我发展的多样舞台。

一要培养教师开展自我诊断的能力。要引导教师学习好诊断工具,在科学全面和谐的教育质量评价观指引下,给足老师时间对自己的教学开展实时诊断。只有自我诊断到位,才能完善教师自我思考问题方式的改变。新加坡的学校对老师的检查考核不多,但是老师自身对于所任教学科知识的巩固性检测很频繁,并以此作为依据不断调整教学进程。

二要坚持开展教师自我反思展示活动。要继续深化"校本教育教学论坛"活动,坚持"不为布置工作任务,只为寻找工作亮点"原则。首先,在教学常规检查、日常巡课、各项教学评比中发现教师工作优点,特别要重视发现教师轻负担、高质量的工作方法,关注教师在学生成长中某一方面做出的特殊努力。其次,要着重发现教师的爱心、责任心、事业心,突出"晾晒"优秀的工作方法,分享教育智慧。最后,要不断地组织不同领域跨界分享,让老师相信,教师的专业成长不是别人指导出来的,关键是靠自己学习出来的,是从自身的亮点提升起来的,是从自我实现中发展起来的。

只有这样,教育者才能够继续教育自己。

(2019 年 12 月 3 日)

15.
精准判断什么知识是不需要教的

顾炎武论"何谓称职"——土地辟、田野治、树木蕃、沟洫修、城郭固、仓廪实、学校兴、盗贼屏、戎器完,而其大者则人民安家乐业而已。这是称职的标准。

教育事关国家未来。如何称教育之职,需要全体教职员工如履薄冰,负重前行。只有为国家培养出合格的公民,让人才真正成为国家战略资源,才算得上称职。

为人做事,最重要的不在于知道自己该要什么,而是明确自己不该要什么,然后果敢地放弃。作为一个教育者,更应该具备清晰的认识,首先要学会精准判断——什么知识是不需要教的。否则,教师很容易在喋喋不休中浪费学生的生命,是严重的不称职。

在信息爆炸的今天,知识的更新换代更快,人类知识量每 4 年就翻一番。一个大学生在大一学到的知识,到了大四就已经被新的知识替换。因此,今天的教师,首要之急要明白自己不应该教什么,要对自己的课程教学内容有一个明确的分析与判断,要把不应该教的东西赶出自己的课堂。否则,就是在毁人不倦。

新加坡引领全世界的"少教多学"改革,就包含了这层要义。

表现在学校管理上,就是要精选、精简课程。具体做法参看前文,在此不展开赘述。

由于课程设置的原因,现在我们一些教师心很急,巴不得想把自己所有的知识都教给学生,似乎不教就失去了为师的价值。这种心态跟孔乙己一定要显摆自己知道茴香豆的"茴"有 4 种写法的心态很接近,都认为这是自身独特的、最重要的知识储备,而从未曾去分析:这些知识到底有多少价值? 是不是一定得教?

每个人的注意具有高度的选择性(选择性注意产生选择性理解、选择性接受、选择性记忆),学校管理人员、课任老师都一样。如何认识自身注意的选择性,做出更加科学的教学内容的选择,是改革当前教育现状,做好"称职"工作的首要任务。

姑妄再举个例子。

近些年,语文识字教学流行这么一个套路,往往每教一个生字总是努力要把这个字跟古象形文字联系起来,把字源追根究底一番,似乎只有这样才能够显示出教师学识的渊博,才能够体现出语文课的文化味和教师的学识。

我们不妨仔细推敲一下。一方面,学生真的很需要把现在的简化字跟象形字的字形联系起来吗? 汉字经过多年的规范简化,绝大部分已经失去了跟原有象形字形状上的联系。把这种联系强加在学生身上进行构建,是我们需要的教学吗? 另一方面,汉语词语教学、构句教学、断句能力教学正在不断弱化,字辨、词辨能力没有得到有效训练,构句能力得不到应有的发展。什么样的成分结构组成一个句子? 什么样的内容组合必须分句? 怎样的句群应该分段? 这些基本技能学生却得不到有效培养。小学语文最重要的核心是听、说、读、写的能力。语言学习的工具性应是小学语文教学的基本状态。

这种字源化的教学现象,大大地消耗了课堂教学的时间,挤占了读写的时间。我们需要的是要把用语用字能力教给孩子,把语言的工具性教给孩子,使每一个孩子都能够准确熟练地使用好自己的母语,并利用母语来磨练自身的思维能力,来进行高效率学习和思考。

教师往往选择性地教一些自认为很重要的知识,而忽视这些知识是学生通过百度、谷歌或者在线学习就能够轻松查到的。这种现象在当前普遍存在。

必须清晰认识到,迈入信息化时代,教师教的一些知识往往是被这个时代淘汰的,或者是不需要教师教也可以轻易获得的。而学生需要教的,往往是教师不具备的。

教师只有自觉判断自己不应该教什么,才能确保不无端地浪费学生的时间,这是"称职"的第一步。

(2019 年 12 月 4 日)

16.
仔细梳理哪些能力是必须教而又没有教好的

前文讲不该教的教太多,本文讲必须教的却教得太少。

社会与家长的需求从侧面反映出了这种现象:学生不会写作文,所以作文培训班漫天飞,好的作文老师一课难求;朗读没有教好,所以口语培训漫天飞,学生到处学朗诵;写字没教好,所以书法学习到处跑;思维训练不得法,所以奥数培训遍地开花……诸如此类,不一而论。

虽然这些社会培训存在一定量的提前学习内容,跟学校的课程教学要求不同步,反映的是更多家长为孩子求胜心切心理,但也普遍折射出当下学校对学生技能教学不足的现状。

如果说上述现象只是知识技能层面没教好的,那么情感态度方面的情况或许更为严重。

试问一下,有多少老师仍在因为学生发言不能如自己所愿而剥夺学生发言的机会?有多少学生能够不被老师打断而充分表达自己的观点?有多少老师能够放低身子听学生讲话?又有多少学生能够用无畏无惧的声音来表达自己的观点?

纵观近十年来的教育变革,思潮一浪接一浪,可老师讲解为主的"一言堂"课堂彻底转变了吗？我们的学生初生牛犊不怕虎的勇敢还在吗？哪怕是在公开的教研活动中，我们能看到多少学生闪现雄辩思维的火花，能看到多少师生之间、生生之间发自内心的尊重与表达？我们听到更多的只是嘤嘤嗡嗡如蚊蝇般的木讷声，看到更多的是畏缩退却的身影。

再看看教育传导价值观的功能，品德教育仍是当前我们基础教育的最大短板。我们提供了足够丰富的价值命题给学生去练习判断了吗？学生丰富完整的价值判断体系建立起来了吗？他们是否都具有做合格公民的良好动机和为之付出努力的决心呢？

这一切，都需要我们认真检视，如履薄冰。阳光小学传导四大系统核心价值——语言文字系统、知识技能系统、情感态度系统、价值判断系统，但这四大系统要不断地有机统一。就目前的状况，我们必须在知识体系的传导上做减法，才有可能创造更好的阳光教育生态。

必须教又没教好，原因在于要么不重视，要么不会教。

比如在朗读、习作等技能性知识教学中，有些老师甚至会质疑朗读需要老师这么一遍一遍示范跟读吗？作文需要讲那么多语法吗？让学生自己体会不就得了？这兴许代表了不少老师的心声，也是当今朗读教学、作文教学莫衷一是的缩影。一些老师每当碰到一些非描述性知识（程序性知识或策略性知识）学习的时候，怎么教就一头雾水，到底如何有序培养朗读、写作能力？如何进行有序的技能训练？心中很茫然，甚至束手无策。

把必须教给学生又没教好的能力教好，对每一个老师更是不易。当前的老师最需要读的书是什么？愚认为还是《教育心理学》。一些老师在入职之后，基本没有再读过《教育心理学》，而今日真正能够用好教育心理学指导教育实践的老师,恐怕少之又少,这是教育人的悲哀。

由此说来,带领老师精准判断哪些知识是不需要教的,仔细梳理学生哪些能力、态度、价值观是必须教而又没有教好的,学习巩固没教好的知识,做到这三点,就能成就学校教育的真正品牌。

(2019 年 12 月 4 日)

第四辑

立足系统变革

1.
灌输以利他为原则的价值观

"灌输"一词，虽然听起来感到机械，但是新加坡教育在传导价值观的论述中，基本上都采用这个词。

诚然，寄希望于通过知识、技能的学习后凭借领会、感悟、贯通形成自身价值观，恐怕多少有点自欺欺人。每个学生的经历、环境、家庭教育不同，对同样的价值标准也会产生"各花入各眼"的差异，所以对于价值观教育，用"灌输"一词或许更为贴切。

在新加坡访学一个多月后，随行 35 位浙江省各中小学校长有一个共同的感受，无论在超市、商场，只要磕碰到别人——不论你是被动还是诱发，对方都会先主动跟你说"sorry"。这让大伙甚是惊叹，他们是怎么做到的？

难道我们灌输的"如果你磕碰到别人，要说对不起"是错的？

难道只有灌输"不论你磕碰到别人还是别人磕碰到你，你都要先说对不起"才是对的？

当你面对孩子质问"为什么要我主动说'对不起'而不是他先主动？"的时候，当你面对孩子犯错后振振有词说"我不是故意的"来辩驳的时候，是否曾经考虑过，或许一开始我们灌输给学生的某些价值判断就有失偏颇?

让我们用数学思维来演绎一下"如果你磕碰到别人,要说对不起"这个命题。如果这个命题为真,那么其逆否命题"你不用说对不起,因为你没有磕碰到别人"就是真的。顺着这个思路下去,如果这两个人都不说对不起,都觉得自己没有磕碰到别人,而他们确实无意之间碰撞到了,是不是就会产生这样一种局面——谁都不主动认错,导致任何一方都不会主动化解,甚至双方都不依不饶引起轩然大波。

所以,用对等或者中立的思维来设立价值判断,进行道德价值教育,是很危险的!与其说"如果你磕碰到别人,要说对不起"这样的命题没错,不如说这样的命题对于道德教育来说是不够的,只有"不论你磕碰到别人还是别人磕碰到你,你都要先说对不起"才是教育应该灌输的价值标准。

教育不能只讲究价值对等、中立,而要在对等、中立的基础上,向利他性多迈出一步,哪怕只是一小步,方有可能引导出真善美的风尚,推动精神文明的进步。否则,教育就不能称其为教育,只能称之为交易。

所谓的互惠互利、双赢思维,都是这个道理。每个人为对方多考虑一步,自己反而得到更多;每个人为自己多考虑一步,美丽与和谐就难以为继,最终产生对自身的损害。

在价值观念灌输上,多一分利他才是教育。

(2019 年 12 月 5 日)

2.

让每一个孩子在课堂上都能朗声回答

前些日子,发现个别班级孩子们在发言的时候声音仍不够响亮,神态拘谨,特别希望每一个孩子在课堂上都能朗声说话。

朗声回答,简单说来就是爽朗、利索、不拖泥带水的状态加上金石般稳固、坚实的声音。朗声回答问题的心理机制,大致有这么几个方面:一是注意力高度集中,随时迅速准备作答;二是不怕说错,有说错了也不会被老师批评、被同学嘲笑的心理预期;三要有积极的自我暗示,不管回答对错,都能获得在人前表达自我想法的愉悦。

课堂朗声回答做不好,大致表现为这几个方面:(1)学生作答时扭捏作态,起立落座拖拖拉拉,浪费课堂集体学习时间;(2)学生回答的声音轻微,稍远的同学就听不到——有些老师还没有真正关注到每一个同学的回答是不是距离其最远的同学都能听到,他们缺乏的是深入学生座位、深入学生感知觉系统的课堂观察能力;(3)学生不敢回答,不愿回答,主动回答举起的手稀稀拉拉,响应提问进行有价值思考的同学更是稀稀疏疏。

造成课堂朗声回答不够的根本原因在于教师,成因有三:

一是对朗声回答的重要性认识不够。部分教师仅仅把朗声回答作为课堂师生交互的手段,只关注自己听到与否,自己跟学生之间的课堂交互有没有完成,远没有把朗声回答作为生生交互的手段,作为"不愤不启不悱不发"的教学资源,作为课堂生成的根本途径。朗声回答的缺失,本质是教师基本育人理念的缺失与教学组织技能的本源性不足。所以,缺乏朗声回答的课堂,一定是缺乏生成性的,一定是没有互动性、深刻性的课堂。

二是缺乏对课堂效率的有效把握。朗声回答、迅速作答,对于集体授课制来说,是节约集体授课时间、提高教学效率的根本途径。没有了朗声回答,就会出现老师不断重复自身的提问、不得已去复述学生声音太轻的回答、不得不重复寻找以满足课堂交互所需要的学生等情况,直接降低课堂组织效率。这也是产生教师"一言堂",挤占课时、吃课,学生缺乏学习热情的直接原因。因此,一堂没有学生朗声作答的课堂,一定不会是高效的课堂。

三是对朗声回答的容错环境缺乏培育。朗声回答的培养最需要良好的容错环境,其建立的心理预期是不管回答对与错都能得到老师以及伙伴的肯定,从而产生在大众面前朗声回答的愉悦,此时伙伴的肯定尤其重要。这其中,老师对学生错误的回答有没有良好的容错预期,在老师组织下的学生团队对错误回答有没有良好的容错机制,将直接决定一个班集体能不能形成朗声回答的风气。所以,没有组织学生朗声作答的老师,一定培养不出自信的学生。

那么,如何培养?

关键在于教师要改变对朗声回答价值的认知。要培养这么一种观念——你认为学生回答的对错不是最重要的,学生回答的参与情态才是最重要的。全球都在关注的学生 21 世纪所需技能包括四个方面：自主、自信、事事关心、积极参与。没有朗声回答，哪来积极参与？又何来自信？

重点在于建设良好的班级容错环境。容错环境的建设关键在于学习法的选择，在于教师课堂组织能力水平。所以，怎么强调对教师开展学习法的培训都不为过。

此外，还在于建立合理的外部激励机制，如采用必要的激励策略，表扬学生大声发言、安静倾听等表现。

朗声回答是教师最应该关注的组织技能，没有之一。朗声回答是不断培育学生自信的最有效手段，没有之一。朗声回答是快速培育学生注意力品质的绝佳途径，是促进学生有效思考的根本方法，是每一个老师育人工作的首要任务。

（2019 年 12 月 5 日）

3.
指导孩子在学习上交三个朋友

不谈生活教育，不谈交往能力，单说如何围绕学习在班级内部指导孩子交三个朋友。

（1）指导孩子交一个学习能力比自己优秀的朋友。

这不是势利。不管这个孩子学习能力如何，家长和教师都应该要想方设法给孩子找一个这样的朋友，这将决定这个孩子将来能否继续优秀或者一直朝着优秀的目标迈进。原因有三：

——一个学习优秀的孩子，除了天赋资质之外，更重要的是学习方法。在学龄低段，也许天赋的差异更容易被辨识，优秀的学生很容易显露。但随着学段不断升高，学生不断分化，当优秀的学生重新集中组成一个新集体的时候，单单凭天赋资质就显得远远不够了，学习方法将逐步成为决定学习成效的关键。这个时候，一个真正能够向比自己学习能力优秀的同学学习的人，就会学会审视自身学习方法上的不足，改变自己的学习策略，取得更加全面高效的发展。而不能开拓视野仍然埋头耗时间拼精力的学生，其优秀将难以为继。这就是为什么一些在小学阶段看起来很优秀的孩子一到初高中就不再优秀的原因。

——很有必要让每一个孩子从小学阶段开始就知道自己永远不是最优秀的,这个世界永远有比自己更优秀的人存在,永远要向更优秀的人学习。懂得了这点,就会多一分平和,少一分嫉妒;多一些宽厚,少一分戾气。今后才能真正融入"谈笑有鸿儒、往来无白丁"的学习、创业环境中去。

——向比自己优秀的同学请教,不但可以解放老师的时间,而且更容易从优秀同学处得到启发,毕竟同伴之间的学习能力、表达能力、思考能力更加接近,也就更能得到自己需要的帮助。

(2)指导孩子交一个学习成绩跟自己相当的朋友。

交一个跟自己学习成绩相当的朋友,主要是为了给孩子营造一个宽松、公平、容易获得成功感的学习环境,帮助孩子选择合理的竞争对手,有利于孩子制定合适的努力目标,这将有助于孩子持续获得良好的学习动力。

这样的朋友可以是某项学科学习能力相当或者是所有学科的综合水平相近,可以由学生自己选择,也可以是家长、老师帮忙参考选定。选定之后,不必藏着掖着,要让对应的两个学生建立竞争小组,在竞争中比努力、比进步。

比努力、比进步也不是最终的目的,而是要让学生在学习的过程中体会只要自己努力,就能取得进步。要让这两个孩子在竞争中建立真正的革命友谊,能够互相分析自己取得进步的原因,学会互相欣赏。

只会欣赏优秀的人,你不一定能够跟他结成真正的朋友。只有在互相进步中互相欣赏的朋友,才能成为真正的挚友。

(3)指导孩子交一个学习成效比自己低下的朋友。

交一个这样的朋友,不是为了寻求自我安慰的精神胜利,也不

是为了自我显摆、盛气凌人,而是为了从一开始就要培养孩子对待弱小的态度,这对孩子一生的品格形成至关重要。因为:

——一个人真正的品格往往表现在其对待弱小的行动之中。对弱于自己的同学如果能够耐心沟通、悉心解答困难、热情鼓励帮助,才能建立起根植于心底的善良。所以,不管这个学生当前的学习能力高低,都要让他尽最大的能力去帮助一个比他学习能力低下的同学,这能够有助于学生真正建立起今后成长所必需的情态体系。

——帮助一个比自己学习成效低下的朋友,还会增强学生学习生活的获得感。即便是平时学习能力比较差的同学,也可以在帮助更差的同学的努力中,享受到喜悦,产生更积极的体验,让学生更加热情地投身于校园学习生活。

在每一个时期,都要努力指导学生交好这三个朋友,善莫大焉!

(2019 年 12 月 13 日)

4.

让每一堂体育运动课都灌输价值观

何谓价值观？

不查字典不搜百度，我理解为——价值观是一个个根植在个体大脑中的是非优劣利害善恶判断的总和，这些判断决定着人们行为的趋向性选择，是个人道德品质的核心。

如果把正确的价值观比作一张网，那么一个个价值判断就是构成这张网的一条条经纬线。教育需要做的，就是不断地给学生织就一条条尽可能丰富的经纬线。这些价值判断学生在什么时候获得？在品德课，还是在语文、数学、英语、科学、音乐、体育、美术等课？抑或是在各类课外实践活动？

按制度设计来讲，应该主要在品德课中获得。可是要形成是非优劣利害善恶的正确判断，除了间接的情境模拟讨论外，更需要在真实的情境中分析冲突，做出正确的判断和选择，这就不是单单品德课所能解决的，也不是在语文、数学、英语、科学等学科知识技能教学中可以全部有效渗透完成的。

所以，新加坡的"道德在于行动"计划，就特别提出要在实践活动中培养学生的价值观。而体育课、课程辅助活动，因其具备高度的组织纪律要求和良好的竞争性、对抗性、合作性特点,以及活动中诸多不可控的情感态度生成因素,成了在实践中有效辨析学生的价值判断、灌输学生价值观的重要阵地,在品德教育中占据了重要的地位。

新加坡国立教育学院的许坤德博士,一直致力于在《体育和运动》课程中灌输主要价值观,培养学生 21 世纪关键技能,推出了一系列为小学体育老师和运动教练设计的以灌输价值观为本的训练课程,是新加坡在《体育与运动》中灌输学校价值观的实证研究者,也是新加坡体育教学改革的领衔者。

许坤德博士的研究以运动项目设计为载体,如在足球 2 对 1 传接球训练中,向传球的 2 人灌输紧密合作的重要性,让抢球者灌输学会坚持不懈的重要性;通过认识球场上 2 过 1 就是常态,体会这个世界没有绝对公平。同时,许博士的研究组将这些活动与学校办学核心价值观进行融合,实施一月一主题,突出学校特色。如在每年不同的月份分别灌输"有价值的""尊重""诚实正直""坚韧""自我控制""突破自我"等不同主题的价值观,形成了较为完整的在《体育与运动》课程中灌输价值观的实施方案。

当然,通过体育运动或者体育活动传导价值观的途径远不止这些。如我们在"阳光"大课间活动中,不断强调出场要紧张有序,无缝衔接,要求组织的体育老师要眼观六路、耳听八方,全面观察班级集合速度、队伍行进齐整度,并进行及时评价、当场纠正,就是要训练学生心中有集体、不拖累他人和集体的集体观念。再如,要求带队老师要把队伍带齐,有序跑操,就是要训练学生学会尊重他人、摆正位置、积极参与;要求学生坚持跑操不掉队,就是要学生体会负责任、坚韧的可贵。

这些核心价值观,在学校的集体体育活动中,更应该被重视并加以落实,也只有在这样的集体性运动中,才能更有效得到落实。学校的全员素质运动会,足球、乒乓球等专项运动队的训练,都应该与培植学生自信、合作、奉献结合起来。即便是学生在课间活动中同学间自主组织的小组游戏活动,也应该充分重视渗透值价观。

任何体育活动、游戏项目,都蕴含着规则,无论是学生自发的还是老师组织的都需要在统一的规则约束下进行。这些活动是培养学生规则意识、发展学生尊重他人、群体协调、积极参与、关心他人、领导他人等 21 世纪关键能力的最有效途径。

所以,一所缺乏体育或者体育活动的学校,是可怕的。一所不开发学生活动项目、不拓建学生活动场所的学校绝对不会是优质的。没有在《体育与运动》课程或项目中灌输价值,学校的价值观教育就折损近半,更培养不出学生面向 21 世纪的关键能力。

(2019 年 12 月 6 日)

5.

放学后托管，不是为孩子的家庭作业清零

许多家长认为学生既然在校托管了，就应该在学校完成全部作业。也有一些家长觉得如果孩子托管了还不能完成家庭作业，还不如送到社会培训机构去。

当被问及为什么不让孩子在家完成家庭作业时，许多家长会诚恳地说："老师，我真的不会管""我自己对知识也不懂""孩子不听我管、只听老师的……"归纳起来——最好托付给别人管。

网络上也动辄有人吐槽教育。某老师要求家长改作业啦，某学校要求家长陪读啦……甚至人大政协也不乏此类提案议案，大谈学校教育转移责任之高论，似乎孩子每天回家都没有作业才是教育王道。实际上，这些言论大多只是冒充民意发泄私愤。在这些吐槽人眼里，似乎孩子的成长就如农谚里说的"茅房边的苋菜"——不用人打理自会长好的。

问题是，孩子的教育真有这么简单吗？当然，学校教育不能把自身的任务强加到家庭教育上，也不可以用文山题海压垮学生，更不该让家长来批改学科本体性作业。可是，培养学生独立学习的专注度、持久性，组织学生参加实践类、体验类活动等，哪一样不需

要家庭参与支持呢？有人批评日本提倡妇女不工作在家相夫教子是大男子主义，但这又何尝不体现出这个民族对家庭教育的极度重视呢？

无论从近年新华社公布的全球人均阅读量国家排名（中国人均不到发达国家的十分之一），还是从教育部不断推动的家庭教育提升计划，怎么都看不出我们的家庭教育土壤已经够肥沃。看来这"苋菜"还没有长到"茅房"边，肥料就不够了，不打理还真不行。

在新加坡，小学阶段一般上午7:30上课（如下图1），要求上学前在家练习听读20分钟（语言类学习），抵达学校后默读10分钟（读报之类的），此后就是连续10节课，中间安排两次共35分钟的休息，到下午1:40以后就没有正课了，部分学校可自主安排一个小时左右的时间给后进生补课，2:30以后全部学生被安排强制性参加课外辅助活动（活动项目一经选定三年内原则上不能换）。学生每天上午要上8节课，中午饭后还得补1—2节课，平均在校时间超过8小时，但即便如此长时间在校，学生部分家庭作业也还是要回家完成的。学校安排更多的是群体参与、沟通、交流类活动。

一个学生的健康发展，绝对离不开必要的家庭教育参与度。特别是小学生，他们既还没有产生青春的冲劲，也还没有追求诗和远方的激情，他们的学习动力，更多的来自老师的鼓励、同学的认同以及家长的表扬。而老师的鼓励往往因为要雨露均沾而微薄，同学的认同常常由于信号微弱而中断，只有家长的认同和鼓励，才是学生最可能也最澎湃的学习动力源泉。

只有家长长期关注孩子的学习情感、学习态度，不断提升孩子对学习价值的认同，才能真正传承好家风，培养接班人。试问，若缺乏必要、合理的家庭作业，家长通过什么途径对孩子进行学习情

Time	Activities	
6am	Wake up. Wash up. Dress up.	起床，梳洗，更衣
6.15am	Breakfast.	用早餐
6.40am	Reading / Practise Spelling.	阅读，练习听写
7am	Leave for school.	出发**
7.15am	Reach school.	抵达学校
7.20am	Silent reading.	默读时间
7.35am	Flag-raising ceremony.	升旗典礼
7.45am	Lesson begins. 开课	
10.10am-10.35am	Recess.	休息（点心）时间
1.40pm	Lesson ends. 下课	
2.15-4.15pm	After school lessons / Co-Curriculum Activities	课外活动

Daily Routine

1 recess break of 25 min
休息（早餐）时间

1 snack break of 10 min
休息（点心）时间

10 periods of lessons/day
每日十节课

图1　新加坡小学阶段课程表

感态度的观察和培养？难道我们的学校、国家的教育宗旨是要提倡培养在家不学习的下一代吗？一些家庭如果把"耕读传家"的优良传统变成了"社会培训机构代替育人"，那么距衰落恐怕也就不远了。

学生放学后托管，毫无疑问本应是家庭教育的职能。只不过是由于教育行政部门的倡导，为了缓解社会矛盾，解决双职工接送困难，从中央到地方不得已而推出的一项便民举措。其本意绝不是越俎代庖全力包办家庭教育职能。

所以，许多学校的放学后托管工作，是不安排本校老师进行管理的，会引进一些社会工作者完成。因为一旦安排老师管理，就意味着很多老师一天的工作时间都会超过 10 小时。这些学校更不会像一些家长要求的那样——把所有的家庭作业都利用学生课后在校托管时间完成。

平心而论，我们更得感谢那些愿意参加放学后托管的学校老师。因为他们在完成学校教育的本职工作之余，还不得已承担起了本不属于他们的家庭教育职能，在负重中踽踽前行！唯一能够让这些老师欣慰的，也许是在托管的时间中，他们不用再因为赶教学进度而唾沫飞溅、气喘吁吁。他们可能欣慰于有更多安静的时间，来观察每一位学生个体细微的学习活动，去反复示范握笔姿势，去一次次纠正不良坐姿，去一次次鼓励大胆表达；他们可能欣慰于可以更从容地在学生中捕捉一个个笑脸，解答一次次稍纵即逝的疑惑，播撒一路叮咛……

所以，放学后托管，绝不是为孩子的家庭作业清零。

（2019 年 11 月 25 日）

6.

再多一些对学生学习过程的观察与指导

如何贴近学生的感知觉进行课堂教学组织行为观察、学生学习参与度观察,来分析学生的学习能力与成效,这是我们能否取得高效教学的诀窍。

纵观当前的一些教改口号,提倡"学为中心",说明课堂上"学"还没有成为中心;提倡"高效课堂",说明课堂效益还普遍不高;倡导当堂练习,说明课堂练习的时间还很不够。所有这些观点的背后,反映出一个共同的事实——学生在校自主学习的时间还很不足。由此可知我们对学生学习活动的过程性指导更是远远不够。

所以,很有必要围绕如何深入开展对学生学习活动过程的观察与指导再展开说几句。

一方面,我们常常埋怨学生书写能力太差——畸大畸小,上下行都分不清,半天抄不完几个字……却没有反思我们给了多少时间陪伴学生一起写字?我们又有几次手把手地纠正过学生的错误书写姿势?在培养学生的书写速度上我们又做过哪些有效努力?我们还常常埋怨学生读书声音太轻,回答问题无头无尾,读个题目要求都是添字落字读不好,甚至一条线都画不直……家长也好,老师也罢,面对教无效果的学生,只差把自己生生气死。

　　而另一方面,我们又不难发现:学生每周的课时量都被排得满当当,从一进校园到出校园,完全没有自习时间。学校得执行上级各种课程开设要求,各式各样课程只能多不能少,导致每个老师都觉得需要教的课程内容越来越多,完成教学任务的课时量不够。很多家长也片面认为孩子怎么完成作业是学校的事,是老师的事,见缝插针还要把孩子送出去补习。于是乎,家长、老师似乎没有时间静下来,好好观察一下孩子是怎么学习的,思考一下孩子需要哪些对点对位的帮扶。

　　而时下各式各样求新求异、突出讲深讲透讲精彩的课堂教学评比活动,更是助长了教师教的气势,弱化了学生学的气息。

　　必须清醒认识到:在繁重的课程设置、功利性的示范课评比导向及家庭教育功能弱化的背景下,当前小学生的学习方式日渐单一,学习途径日渐逼仄,学习有效性明显不足。我们越来越难看到学生积极思考、克服困难、力求进步的过程,越来越难以及时发现学生学习上的努力,难以捕捉到学生克服学习困难后产生的学习动力以及在克服学习困难过程中迸发的无比欣悦的生命情感。

　　鉴于此,我们急需做出一些改变:

　　(1)在课时安排上,每位老师一学期可适当匀出一两节课来安排学生自习,老师在提出自学任务后要学会静心观察,多发现学生在什么学习技能上需要帮助,更要善于发现学生在学习过程中的努力并给予及时表扬。

　　(2)在课堂组织上,每节课要确保每个学生充足的表达、思考、书写的时间。要不断提高对自身课堂组织有效性的认识——教师讲得好不能够成为学生学得好的保障,只有学生听说读写技能全面提高,才是课堂教学效率的保障。

(3)在课堂评价上,教师要不断发现学生的努力。要不断追求这样的学习场景:学生经过思考后恍然大悟地叫喊——我明白了,学生兴冲冲地过来问你——老师,我今天表现得怎么样……,凡此种种。要放大学生学习获得的喜悦感,要发现每一个学生在克服困难上的努力。

(4)在晨读、托管活动中,原则上杜绝老师作集体讲解,更不宜讲解知识。因为我们实在太缺乏能够观察学生自主学习状态的时间了,我们要通过晨读、托管,培育学生学习的专注度,提升每一位学生管理自我学习的能力。老师要用尽可能多的时间观察并指导学生坐得端正、读得专注、写得美观、思考得深入;要借机表扬之前被批评过的同学,让他们重拾信心;要着重发现后进生的能力短板,进行点滴指导提升,从而让班集体内不同个体能够形成从事多样化学习任务的能力。

(5)家长应更多参与到学生的学习过程中,观察学生书写的姿势与速度、学习的持久与专注程度、出声朗读的兴趣以及记诵能力……要不断培养学生在家庭中自主学习的积极性,提高学生在家庭学习中的专注度,为学生养成终身学习习惯打好基础。

(2019 年 12 月 6 日)

7.
我们需要建立怎样的班集体

建设良好的班集体,可以让教育教学起到事半功倍的效果,需要教师有科学的班级管理理念并坚持不懈付诸努力。

一个良好的班集体会呈现这样的特征:有很强的凝聚力,有良好学风的代言人,有统一的学习价值认同感。每一个学员都有对学习任务良好的执行力,有自主的个体行为约束力。

小学阶段是建立稳定、有效的班集体的黄金阶段。因为学生在校时间长达六年,集体成员稳定。扎实有效的班集体建设,将大大提高班级的课堂教学效益、减轻教师的教育杂务,也会极大弥补教学法上的不足,将决定学生一生的文化基础、人文沉淀、行为文明程度,并且将很大程度上决定学生的生命素质。

小学阶段必须以班集体建设为重。班集体管理是一副养生药,落实一周,就能收效一月,落实一月就能收效一学期,落实一学期就能收效两年,落实两年或就能服务一生。

在阳光小学,我们倡导建立这样的班集体:

它应该是人尽其责的。每天早上窗帘应该有人拉起、教室应该有人通风、垃圾有人捡起、学习活动应该有人主动组织;每个课间应该摆好桌椅、放好学习工具；每次放学后有人切断电源、有人检查卫生；每个学生一到学校就应该接受管理或者管理别人，既是管理者，也悦纳自己成为被管理者……

它应该有自己的管理团队。无论班级的大小事务，如班级卫生、班容班貌、礼仪举止、学习纪律、实物管理、奖惩措施……各项工作都岗位明确，责任到人。这个团队应该是班主任的得力助手，应该是班级规则的制定者，班级工作的管理者，应该是班级奖励制度的执行者，应该是美的发现者，恶的制止者。

它应该有全面的管理制度。包括班级一日常规制度、集会制度、课间管理制度、评优评先制度、班干部竞争上岗制度、保洁制度、班级特色建设管理制度……应该将学生的课堂学习、作业态度、劳动习惯、文明举止等都纳入激励机制，努力做到让学生的每一段努力都被发现，每一次犯错都被监督，充分实践"教育以表扬为主，以批评为辅"的评价观。

有了这样的班集体，老师才有可能跳出"教书匠"的命运，避免做教育的救火队员，避免冗杂的教学事务，站上更全局的高度，成为自己班级的"教育家"。

班集体的建设，不是班主任一个人的事，而是全部课任老师共同的职责。许多时候，一些课任老师往往会把不同班级的纪律差异归咎于班主任的班级管理，这是有失偏颇的。一堂课的纪律，首先表现为学生对教师组织命令的参与执行度，对教师提问的倾听、思考与表达规范，对自我无效行为的管控等。所有这些纪律表现都建立在对老师的尊重、信任之上，建立在对教师所传授知识的向往、信服之上，如果老师不能让学生尊重自己、不能组织学生尊重倾听自己或者其他同学的表达、不能吸引学生积极参与教学组织活动,难道还要去责怪学生不配合自己?

仅仅关注于学科知识技能的传授,不把学生导向尊重老师、倾听他人意见、团结同伴、积极参与同伴活动这些核心价值,不但是教学上的不足,也是班级管理上的不足,更是参与建设班风工作的缺失,需要引起每位教师的高度警觉。

(2019 年 12 月 6 日)

8.

"你很重要"

四年前,"你很重要"这四个字被刻在阳光小学校门口最醒目之处。

上墙之前,我们曾一度很担心——这四个字能不能成为今后引领学校文化建设的核心? 足不足够成为阳光小学的文化标志? 是不是具有生命力,会不会今后被拆了再换? 因为这四个字既不是教育价值准则,也不是教育哲学理念,似乎也找不到什么出处。

之所以决定把这四个字刻上墙,是因为在经历了一个多学期的校本调查摸底后——发现绝大部分的学生自我期望值偏低,对在学习上取得成功没有强烈的愿望,更缺乏只有通过学习才能改变人生的明确信念;超过三成的家长对孩子的学习并没有较高目标,缺乏孩子可以学得很好的信念。少数教师也缺乏带出精英班集体的信念与勇气,面对困难裹足不前的居多,能够主动破局解困前行的少。

所以,如何提升当时学校全体师生、家长对学校办学的自我期望值、自我监管能力和行动水平,就成了重中之重。在反复思考后,我们决定刻下"你很重要"这四个字——寄希望于"你很重要"

这四个字，成就所有教与学活动的自我觉醒，成为所有家长、教师、学生的教育信条，成为学校办学的行动纲领，并逐渐成为阳光小学的文化名片。

目前看来，这四个字还是具有代表性的，正逐渐沉淀为阳光小学的组织文化特征。每个人一进入学校都会被这句话所吸引，也有一些人希望学校对这句话进行更深层次的解读，赋之以更丰富的内涵，落实到每一个人，发挥出更显性的成效。

诚然，单单"你很重要"这四个字，如果没有跟学校的办学思路结合，没有跟学校的整体变革策略同步，没有嵌入学校管理工作的实践，是不够的。但是如果过多地解读这四个字，赋予它务高务全的理论架构，赋予它方方面面博大丰富的内涵，也并不见得就是必须。

管理学上有这么一个重要原则——不应有的重复就是浪费；不必要的环节乃是累赘；不必需的复杂即是拖沓；不应有的加强是为削弱。如何把事情做到简易，很重要。过多解读、重复、加强某一个理念的重要性，把这个理念搞得很复杂，不见得是一件聪明事。

《易经》云："乾以易知，坤以简能。易则易知，简则易从，易知则有亲，易从则有功。"复杂的事，简单去做；简单的事，重复去做；重复的事，用心去做：这才是成功的要诀。所以对于这"你很重要"四个字，只要它能够被广泛认可，能够在师生中产生积极正向的暗示作用，也就够了。

如果一定要在这四个字的基础上，做必要的加强与补充，我们只选择三句话：

对于学生来说，我们主张——你不必最闪亮，但应该努力求发光,做有光芒的"阳光少年"。

对于老师来说,我们主张——你不必最优秀,但应该发挥最优点,做有智慧的"阳光导师"。

对于家长来说,我们主张——你不必最能干,但应该参与和陪伴,做会合作的"阳光家长"。

此谓"你很重要"。

（2019 年 12 月 7 日）

9.
你为什么很重要

首先，作为一所义务教育公立小学，你是国家教育体制的基石。

许多国家公立义务教育学校的教师都是公务员，反而高等教育学校的老师不在此列。在新加坡，所有的基础教育学校都是公立学校，即便是高收费的国际学校，也是公立的，不允许基础教育商业化。新加坡政府一直把提供最优质的基础教育作为有效遏制社会阶层分化的根本措施，现教育部长王乙康强调——只有做到让每个学生不论出身、不论阶层，只要努力就能够获得足够的发展，绝不让任何一个学生因为家庭条件不足上不起学，才能有效解决社会阶层固化问题，缓和社会矛盾，有效推动社会治理体系科学发展。这就是义务教育学校的重要性。

当然，作为一所公立义务教育小学，你会面临种种挑战，可能因为师资不足而苦恼，因为设备老化而困顿，因为家长不重视而激愤，但你不可以自甘限于困局，必须认识到你身处体制之要害，担国家使命之重任，影响学生发展之深远。

前年，瑞安市教育局领导在全市教育工作会议上指出——在当前的环境下,民办学校办学质量盖过公办学校可能会成为一种趋势,我需要做的,就是在我的任期内,尽最大努力给公办学校争取条件,以延缓这种趋势,让公办学校得到最大的发展。这份使命感就足以说明作为一所公立义务教育学校为什么重要。

所以,每当一些优秀小学毕业生要升初中择校的时候,我总是建议他们尽可能选择公立初中。因为只有让所有的公立初中都发展好,取得优异办学成绩,不让民办学校掐尖争生源产生恶性竞争,才能代表全民的利益,才是这个社会治理的根本价值所在。否则就是薅社会主义羊毛,损害的将是整个社会中产阶层的利益。

其次,作为老师,你塑造的是国家的未来。

国家的未来在你手中走过,你责任在肩。你承担着全面培育学生,发掘孩子最大潜能的天职;你肩负有尽全力履行所有的任务和职责的专业操守;你需要不断学习,并把学习的热忱传递给学生;你需要努力争取家长与社区的信任、支持与合作,来完成教师的教育使命。你有热情,学生就不会冷漠;你懂团结,学生就不会内斗;你懂尊重,学生就不会自大;你不放弃,学生就不会堕落;你有奉献,社会就有温暖;你有一点光,就能够点起一片火。

所以我们主张——你不必最优秀,但应该发挥最优点,做有智慧的"阳光导师"。

最后,作为学生,你的未来就是国家的未来。

——你对你的家庭很重要。你可能会成为父母的光荣和骄傲,你也可能成为父母耻辱和伤口。每一个学生都是父母的最爱,都承载着父母的殷切期望。你能不能成为一个积极、合群的人,成为一个勤奋、进取的人,成为一个感恩的、尊重他人的人,成为一个正直的、利他的人,将决定你的家庭未来的兴衰。

——你对你的班级很重要。不管你是班干部,还是普通的班级成员,你的进步就是你班级的进步,你的成功就是你班级的成功。你会碰到你喜欢的老师,也会碰上不喜欢的老师。不可能所有的老师都让你喜欢,你要做的是改变自己,用自己的进步来取得老师的信任。

你必须知道,除了你父母之外,老师是真正把你的健康成长作为自己毕生责任的人。尊敬老师,不需要任何理由。

——你对学校很重要。你在哪里,阳光小学就在哪里;你的形象就是阳光小学的形象;你的品格就是阳光小学的品格。你可以不用最闪亮,但是应该努力求发光。每个人能力有不同,经历有差异,但是你一定有某一些优点是别人所不具备的,你应该不断发扬并提升你的优点。

——你的努力很重要。你的努力,就是学校的努力,你的每一份荣耀,都是学校的荣光;你未来的成败,影响国家的成败。

(2019 年 12 月 7 日)

10.
在阳光小学里学什么

一个人一生发展的轨迹,大致上应该是这样的:

在幼儿园的时候要埋下热爱生活的基因,在小学阶段要初步树立正确的价值观,在中学阶段要培养纪律性,在大学阶段要形成专业的知识结构。如果能做到这些,再加上追求知识的好奇心,就能够成为适应时代要求和未来发展的人。

在阳光小学,我们把初步树立正确的价值观,分解成为培养"会劳动、会健体、会学习、会生活"的人。

——学会劳动。就是要具备最基本的劳动意识与技能。劳动是一切知识的源泉,劳动是开发人类智能的根本途径。有个有趣的小调查——小学阶段做过劳动委员的同学长大后往往都很有出息,表现出做事务实、团结同伴的领袖气质。剑桥大学 2018 年发布了一份类似的微调研报告,指出能够把书包整理得井井有条的同学往往更容易成为学霸。阳光小学已经连续四年开设校本劳动教育课、放学前 10 分钟的整理课。打扫好教室、学校的公共场地的卫生,这是你成为"会劳动"的阳光少年的基本要求。

未来,学校还会引入更多的科技资讯手段,如围绕如何进行查询资料，如何进行自主在线学习，如何使用科技资讯产品进行学习技术、方法上的提高；还会就如何更有效服务社区，如何深入实践生产、经营活动，开展更多的劳动技能教育。

——学会健体。好身体不仅仅看你多高、多重，也不单看你有没有力气、耐力，更看重你有没有健康的体质、协调的身体机能以及自我控制的意志能力。好身体不仅是你自己的资本，也是你家庭幸福的根源，甚至紧密关系着国家的未来。学校定期举办每年一次的素质运动会，每年一次体质健康监测，每学期两次视力筛查；要求每个同学都能熟练掌握两项基本运动技能（跳绳、踢毽子）；每天进行体育大课间活动，进行跑操训练；还成立了不同年级组别的男女足球队、乒乓球队、篮球队、田径运动队、啦啦操队：这都是为了给每个同学的身体素质发展提供更多可能。

今后学校还将成立跆拳道队、游泳队、气排球队、羽球队，将组织更加丰富的课外集体类运动项目。希望那些一上跑道就掉队、一做课间操就没力的同学，提升锻炼身体的自我要求，真正成为拥有强健体魄的"阳光人"。

——学会学习。会学习不单单指会听课、会做作业、会考试。着重表现在三个方面：一是要善于思考，能够做到喜欢学习，喜欢质疑提问。会提问是会学习的主要表现，只有自己能进行有问题的学习，才是真正的学习。二是要有良好的主动性，能够进行自我管控，做到注意力集中，不拖不等不靠老师或家长，主动高效完成规定学习任务。三是要能探究自己喜欢的知识领域。除了老师教的，你应当还有自己喜欢的知识去研究去发现，要能寻找同伴共同去解决问题。

只要每一个同学都争取做一个"会劳动、会健体、会学习"的人，阳光小学就必然会形成"勤躬行、重阅读、尚思考"的校风。但这是不是就足够了呢？

不够，你还要学会生活！

通过"会劳动、会健体、会学习"三条途径，阳光小学最终希望每一个同学都成为——"会生活"的人。

"会生活"的人，应当是一个同情关心他人的人，是一个懂得羞耻善恶的人，是一个谦虚礼让他人的人，是一个明辨是非曲直的人。做一个"有恻隐心、羞恶心、辞让心、是非心"的少年，才是我们最终的目标。

所以，你应当在所有的课程中，去学习如何理解、尊重、关怀、帮助他人；知道什么是文明，什么是丑陋，如何发扬文明，抵制丑陋；要能够彻底走出自我利益至上的桎梏，在欣赏他人的基础上懂得谦让、分享；要心中自有一杆秤，以利他的标准来判断是非曲直，做到公允永驻于心。

只有具备这"四颗心"——恻隐心、羞恶心、辞让心、是非心，我们才真正具备了 21 世纪的关键能力，能够迎接未来的任何挑战。

（2019 年 12 月 8 日）

11.
怎么提高学生的阅读水平

我们的学生真的会阅读吗？未必。

很多同学读书，只是读出书上的字音，这叫见字出声；也有很多同学看书只是看故事情节，这是娱乐性阅读。很多时候，学生读书或者看书只是在消磨时光，就跟成人看肥皂剧一样。这对提高学生的语文水平、陶冶学生的性情并没有多大的帮助。如何通过读书真正提高学生的语文水平，丰富他们对世界的认知，陶冶他们的性情才是最重要的。

因此，很有必要讨论一下如何提高学生的阅读水平。

读书我们都不陌生，早自习在读，上课在读，回家完成作业也在读，似乎谁都会读书，读书无外乎两种方式——朗读和默读。新加坡所有的小学提倡每天到校前先在家大声朗读 20 分钟，到学校后安排默读时事报刊 10 分钟，并且列入学生作息时间表，可见其对读的重视。

什么是朗读呢？朗读，就是放出声音读，读出书中文字的轻重、文字的快慢节奏、文字蕴藏的情感和画面。在朗读时，你就是一个演员，你应该千方百计调动自己的七情六欲把文章中包含的甜酸苦辣拿捏到位,只为了体会作者的内心世界。所以,朗读时你可以读得凄凄惨惨、面目狰狞,你也可以读得嬉笑怒骂、疯疯癫癫,这一切都取决于你是不是抓准了文章蕴含的感情。

什么时候要用朗读呢?只要是精挑细选的文章,都值得好好朗读。好的文章,多一个字就太多,少一个字就太少,换一种写作方法就会失去味道。这样的文章就要好好朗读。如小学三年级语文《去年的树》这篇文章,"鸟儿站在树枝上,天天给树唱歌。树呢,天天听着鸟儿唱"这句话,两个"天天",第一个"天天"要读重音,读出鸟儿不辞辛苦,第二个"天天"不读重音,而要把"听"读重音,表示树是一个忠实的听众。如果不这么朗读,就是没有体会作者的情感。因此,所有选入课文的文章,都应该好好朗读、细细品读,最好都背下来。所谓"书读百遍,其义自见",就是指好文章经得起百回读,也只有百回读,才能知其真义。

郭德纲的相声之所以好听,在于他不仅仅读出了相声稿子中文字的声音,而且读活了文字中人物的性格和语言;陈道明之所以能够成为一个表演艺术家,在于他面对剧本看到的不是冷冰冰的文字,而是跃然纸上的情感、形象。只有通过朗读,我们才能把一个个平面化的冷冰冰的文字,变成生动的画面,变成丰富的情感,把中华五千年的文明慢慢地构建在我们的脑子中;我们才能读懂"苟利国家生死以,岂因祸福避趋之"的勇敢,才能读懂"面朝大海,春暖花开"的向往,才能明白司马迁的客观、鲁迅的深刻、老舍的有趣,才能懂得评论的严密、说明的精准、叙述的情感。

阳光小学今后每年的"读书节",都将固定安排一、二年级全员讲故事比赛,三到六年级全员朗诵大赛,每个班级都要准备评选自己班级的"朗诵小明星",每个同学都应该争取成为"朗诵小明星"。

再来说说默读。

很多同学都觉得自己会默读。在他们看来，默读无非就是看文字，看过了就是读过了。所以很多同学会把看书简单地等同于默读，很多家长和老师也会认为只要你在看书，就是学习。这种观点是必须要加以纠正的——有时候不加选择地看书，非但不是学习，还会引人走向歧途。

那么，我们要怎么默读呢？

首先，得正确选择书籍。现在有很多书，为了故意讨孩子喜欢特意安排了一些低俗暴力的语言和情节，比如《爆笑校园》系列。有的同学看得很高兴，看了以后还学习书中的不文明用语，模仿一些不良行为，这类书就不值得阅读。

其次，默读也得有阅读记录、有批注。所谓"不动笔墨不读书"。小学生还处在学习语文的关键期，不能只看故事情节，不求甚解，而要把不懂的字词弄懂；要经常查字典形成摘抄好词好句的习惯；要学习吸收不同作家的语言精华；要读一些难懂一点的书慢慢去弄懂。只有这样的默读，才能真正提升语文能力。

苏霍姆林斯基通过长期的对比研究后发现——小学低年级（1—3年级）孩子要完成 200 小时的朗读、2000 小时的默读量，才能适应今后学习的需要。平均算起来，每天要阅读 4—5 小时。

今后，学校每一届读书节，都将安排阅读摘记本评选，将优秀的阅读摘记本进行展览。只要你努力，就可以成为"学校阅读积累小明星"。

除此之外，我们还必须在阅读中，进行独立的思考。

读书，除了弄明白作者写什么之外，最重要的还要弄明白作者为什么要写，怎么写，写了做什么。

在阅读的过程中,还要学会分析——作者的经验是来自自己的还是参考别人的? 作者的评论公允吗? 作者的归纳完全吗? 作者的描述客观吗? 作者的观点到底对不对? 作者是个什么样的人呢? 这篇文章(书籍)的价值在哪里?

前段时间在国内妇孺皆知的电视剧《蜗居》,在新加坡直接被打入冷宫,其剧本的原型小说也不被宣传,作家本人也不被新加坡教育文化部门待见。原因在于新加坡的文化价值审查部门认为这本书中宣扬的价值观是错误的,是不能被新加坡主流价值所接受的。

所以,在读书中保持独立的思考,比读书这件事本身更重要。真正高级的阅读,要对作者直接的经验加以体察,对作者参考的经验保持谨慎,对作者的评论要分析是否充分,对作者的归纳要分析是否严密。作者的语言能力、想象水平、构思技巧、文化习性、价值观念,哪些值得学习,哪些需要抗拒甚至批判,都要有所思考。

如果你在心灵上与作者产生共鸣,并准备朝着作者引导的方向前进,说明作者影响到了你,你的阅读影响到了你;如果你在阅读中产生了疑问,通过质疑建立了与作者不同的观念判断,说明你通过阅读提升了自己,你的阅读完善了你。只有这样,才算真正具备了阅读能力。

(2019 年 12 月 8 日)

12.
提高学生对优秀行为的感受力

一个人，如果没有对不文明行为的感受力，是学不会文明的。

比如，看到餐厅吵吵闹闹，他习以为常；看到教室满地垃圾，他熟视无睹；看到同学口吐脏话，他不置可否……这样的人，绝对不会是一个文明的人。

一个文明人，看到同学插队会心生讨厌，看到别人当众喧哗会心生鄙夷，看到损人利己行为会挺身而出，看到搬弄是非行为会反观自身。一个文明人，一定是一个一身正气的人，一定是对不文明行为有很强感受力的人。

同理，一个人如果没有对优秀行为的感受力，也不可能成就优秀。那么，我们如何提高学生对优秀行为的感受力呢？

首先，要教导学生学会欣赏优秀。

看清别人的优秀，才能认识自己的不足。有的人对别人的进步不屑一顾，总觉得这没什么了不起的，别人的那点成绩也不过如此；更有些人，对别人取得的成绩心生妒忌，专门找别人的不足对比自己的长处，总觉得自己才是最好的。诸如上海复旦大学研究生毒杀室友之类的事件，就是容不得别人比自己优秀的结果。

事实上,比你优秀的人永远存在。无论何时何地,你不可能什么都最优秀。不能学会欣赏别人的人,轻则以自我为中心,不能团结同伴共同处事,不能主动学习别人经验提升改进自己,逐渐沦为边缘人;重则心生嫉妒、怨愤,甚至产生反社会人格,危害至极。

所以,教会学生欣赏他人的优秀,尤为重要。

许多老师、家长在树立榜样的时候,往往以结果性标准作为参照,如"你看邻居家的小王……""你看××同学……",却没有从培养孩子欣赏他人的优秀行为入手,这是造成学生逆反心理,对"别人家的孩子"产生抗拒心理,甚至产生报复心理的原因。

要培养学生欣赏优秀,首先应该从培养欣赏他人具体的优秀行为入手,如不打断别人发言、认真倾听、主动参与、积极交流、热情助人、认真表达、自觉维护秩序等行为。通过欣赏这些行为,分析他人优秀行为的成因,并对照自己的行为特征,分析自身存在的优秀行为,树立自信;找到自身存在的不足,激起模仿、跟进优秀行为的主观能动性。这样才能心悦诚服地欣赏他人,真正学会欣赏优秀。

阳光小学开展的"五项循环竞赛评选""星级少年评选""每周行为习惯养成小目标"活动,举办的"校园之星"亮相台,每学期开展的"寒假好少年""暑假好少年"评选、"心馨美德"少年评选,都不应该只是结果的呈现,都应该做成学会感受优秀行为的过程。学会欣赏优秀,这是学生能够不断发展的基础。

其次,要教导学生遵守规则。

遵守规则,带头实践规则,引领制定规则,就是优秀的体现。因为规则本身就是文明的外形。教导学生每天审查一下——我们的身边有哪些不文明行为?你自己有哪些不文明行为?你希望学校里应该有怎样的文明习惯？然后把这些行为要求浓缩为具体的行为准则，提倡人人学习，人人遵守，这就可以成就优秀。

没有以规则为基础的优秀，都是危险的。上个学期，阳光小学率全国之先，凝聚各方共识，综合各教育教学法规精神，经过学校家长代表大会集体审议表决，通过了《瑞安市阳光小学学生违规违纪及不文明行为惩戒实施方案》。今后我们要每学期一次定期组织学生学习领会规则内容，不折不扣落实惩戒措施，营造人人敬畏的规则意识；同时要扩大影响，督促广大家长落实监管责任，引领家长协同孩子共同整顿违规违纪行为，通过家长身先垂范，带动学生优秀行为文化建设。

今后，学校要在如何提高师生优秀行为感受力上做出更多改进。如学习新加坡中小学每天一次的到校集会训诫；统一基于学校核心价值的学生宣誓词；完善更加科学的在校一日常规要求；制定更加完善、更具优秀行为特征要求的学生在校学习手册；等等。

同时，学校要切实落实对学生违规违纪及不文明行为处罚的跟进措施。对于严重违反规则、违反基本价值准则的学生，即使其在某些方面表现优秀，也要谨慎颁发各类荣誉，需待学生改正错误并形成相关方面优秀行为表征后，再行颁奖。还要加大对学生优秀行为的表彰力度，设立更加多样的优秀行为奖学金，以表彰学生尊重规则、欣赏他人方面的努力。

每一种优秀，都应该基于尊重规则、欣赏他人。

（2019 年 12 月 9 日）

13.

沉淀"阳光基因"，建设"四会"课程群

使用"基因"这个词，是因为其本质是核苷酸序列。只要序列不变，生命的基本构造和性能就不变。

同理，任何一所优质学校，必然伴随着稳定的办学结构以及结构内每一个"核苷酸"序列的稳定表现形式。因此，如何沉淀学校教育教学工作的"基因"，稳定诸如课程、教学、管理、评价等每一个子系统的特征，应该成为建设学校品牌的关键。

在教育诸多的制度设置中，最核心的当属学制的设置，如学龄段设置，分层分流制度设置，教育目标、课程计划、评价选拔体系的总体设置等。这些制度设置会因为国家、地区的差异而不同，学校往往无法改变。

学校能做且首要应做的，是根据国家培养目标和学校办学的核心价值，去设置学校的课程体系。这个系统体现为国家课程的校本化实施以及传导学校核心价值的校本课程设置。学校需要根据自身培养目标和国家教育发展要求，不断做出合乎时宜的改变。

当前，阳光小学已经具备了初步完善的课程体系。根据培养目标，可归纳为"会劳动""会健体""会学习""会生活"四大课程群。

今后如何在这四大课程群中做出调适和改变，是我们必须时刻关注的问题。

——建设"会劳动"课程群。目前学校开设的相应国家基础课程科目有劳动技术、信息技术、科学实验操作、数学实践活动；相应的校本拓展性课程有整理课（每天10分钟）、研学活动、生活实践（每人每学年9学时，其中种植生产3学时、烧饭做菜洗洁3学时、理财课3学时）；辅助性课外活动有气象观测、种植活动、美食节评比、劳动技能比拼；等等。

在这些课程中，如何有效整合劳动技术、信息技术课是今后要努力的方向，如何利用信息技术资讯进行学习，提高学生信息技术环境下的自学能力，要在不同的学科中加以落实。

数学实践课程需要进一步加强。新加坡的"数学步道"课程体系，对学生如何在现实情境中进行数学学习，开展了深入有益的探索，值得我们借鉴。

生产生活实践课程要提高谋划站位。要着眼于落实21世纪关键能力培养目标，成为灌输学校办学核心价值观——"懂恻隐、会辞让、明羞恶、辨是非"的重要途径。

——建设"会健体"课程群。目前学校开设的相应国家基础课程科目有体育课、眼保健操、大课间活动课；相应的校本课程有足球、啦啦操、素质运动会等体育拓展课；辅助性课外活动有羽毛球、乒乓球、篮球等各个运动兴趣小组。

在这些课程中，要继续采取请进来的方式，引进更多专业教练，丰富各个运动项目；要尽可能发动家长参与共建，给学生提供更多健体机会；要在学校"体育与活动"课程中，强化规则意识、参与意识、竞争意识、团体合作意识等核心价值。

还要继续拓宽视野，选择合理的年段，开展诸如军训、远足拉练、野外生存训练、国际交流融合等活动，建设更加优秀的学校组织文化来影响学生。

——建设"会学习"课程群。目前学校开设的相应国家基础课程科目有语文、数学、英语、科学等；相应的校本课程有晨读课、阅览课、书法课（每周1节）、图书借阅课（每学期1节）、阅览课（每学期1节）；辅助性课外活动有全员书写比赛、全员征文比赛、阅读摘记比赛、科学实验记录本评比等。

在这些课程基础上，我们要开发更多的校本专题性课程，如标点符号使用规范、断句技巧、分段技巧、朗读技巧、修辞、语法、文章体裁赏析、写作手法赏析等专题课程，开设如速算24点、数独、科学stem操作课、计算机编程、视听能力训练等专项课程。

还要建设更有弹性的授课制度。探索更为多样的年段大课、年段分层学习课、年段特需课，促进学生广泛接触更多优秀老师，深入实施有效学习，全面提升学生学习获得感。

为有效落实"因材施教"原则，今后我们还要在校本课程中深入推进分层教学；要建设丰富的分层教学资源，以满足不同水平学生的学习需求。如尝试开设高级语文、基础语文、高级数学、基础数学、高级英语、基础英语等分层性课程。

——建设"会生活"课程群。目前学校开设的相应国家基础课程科目有品德、美术、音乐、地方课程；相应的校本课程有艺术类拓展课程、少先队课，辅助性课外活动有经典诵读、古诗文考级、个人作品展等活动。

目前，这些课程停留在教室内授课的还比较多，能够走出教室在实践中体验的太少。今后要进一步整合少先队课、品德课内容，将禁毒教育、青春期教育、口腔卫生教育、视力保护、牙齿保健、流行病疫情防控教育、志愿服务活动等专题进行统筹安排。要大力减少无效的室内品德课，实施校本"品德在于行动"计划，带领学生走出教室、走入校园、走进社区、走近他人，要科学设计家校联合德育专题内容，精准选择项目，安排好合理的序列，争取家长高效参与，共同助力学生优秀行为的养成，培养有"恻隐心、辞让心、羞恶心、是非心"的人，培养"会生活"的人。

（2019 年 12 月 10 日）

14.

沉淀"阳光基因"，建设"四声"课堂

毫无疑问，教育是一项系统性工程。

因此，一所学校的教育改革，必须立足于系统性思维。任何一个"基因序列"出错，都会导致所培养的人先天不足。学校如何立足学生的"全面"发展，落实"全人教育"，除了前文所述要首先具备系统完整的课程结构之外，还要形成稳定的教学活动生态。

于是，如何改变课堂的生态，提高学生学习参与度，进而提高教育教学整体质量，就成为建设一所优质学校关键中的关键。

曾风靡一时的杜郎口中学教学模式，抓了"人人参与、个个展示、体验成功、享受快乐"这个要点，通过增加黑板，提高版面利用次数，促进师生交互、生生交互短平快，成为了一个时代的教育典型模式。

虽然教学有法，但无定法。今天再提任何一种课堂教学模式都已经不合时宜。但是，结合不同学科学习的共性要求，一堂课的基本生态特征还是必须要凸显的，这体现为学校对于教育核心价值追求后外化的生态体征。

所以，根据前文所述，围绕阳光小学对传导四大系统核心价值的追求,我们主张建设"四声"课堂,强调课堂应该"有掌声、有笑声、有读写声、有呼吸声"。

"有掌声"——要着重把握好教学重难点,建设激励型课堂。

教学中做到发展学生注意力,鼓励学生倾听、表达,关注学生努力,积极参与同伴活动。教师应围绕学校建设"热情、鼓励、长善、救失"的教风要求,在课堂上充分运用教学激励性原则,用热情友善平等的态度、善于发现的眼睛、鼓励性语言,催开生命之花。

具体衡量指标为:让每一个学生在每堂新授课上,至少得到一次老师的表扬或者同学的鼓励(可以是当面的语言表扬、肯定,或者是大红花、大拇指之类的替代性奖励)。

"有笑声"——着重突出教学要面向全体,建设活泼型课堂。

要求教师应该做到科学合理的教学设计,让全体学生对每一堂课的基本知识、基本技能轻松掌握,95％以上学生当堂达成。学生应该学得轻松、活泼、有效。教师要突出营造轻松和谐的学习氛围,在知识技能的传导中,选择合理的学习法,触发学生情感体验,传导正确的价值判断。

具体衡量指标为:每一堂课新授,必须传导某一个正确的价值判断,并在学生的课堂生成性体验中被观测到。

"有读写声"——着重落实精讲精练,建设生本型课堂。

强调课堂必须控制教师活动时间,每堂课确保学生 10 分钟以上读写算画、表达、操练等自主学习活动时间。教师能够在学生操练中敏锐发现教学上的不足,迅速把握学情并做出必要的调适。这是通往高效课堂的关键,也是培育学校"热情、鼓励、长善、救失"教风的关键。

具体衡量指标为:每一堂课有 5 位以上学生得到教师个别辅

导,每个学生在每两周内必须得到 1 次以上考试学科老师手把手的辅导活动。

"有呼吸声"——着重启发学生思考,建设思考型课堂。

要求课堂能够静得下来,要留足时间给学生思考;教师应有引导学生深入思考的能力,课堂能闻呼吸声。这是对应学校培育"尚思考"的学风的关键举措。

具体衡量指标为:教师有没有设计好高质量的提问,能不能启发学生有效的思考,有没有设计好课内课外思考交互的途径、园地。学生每周内必须 1 次以上积极思考考试学科老师的提问。

这些具体的衡量指标,将以问卷调查的方式,由首席教师或者科室主管对教师的教学行为做出定性评价,作为改进科学管理的重要考核指标逐步纳入学校教师工作考核机制,不断推动"四声"课堂建设的成效。

(2019 年 12 月 9 日)

15.

沉淀"阳光基因",实现"四度"评价

四年前,阳光小学选择了以改变学生综合素质评价体系为支点来撬动学校系统性变革与发展。

四年来,阳光小学坚持在"评什么"上做文章。通过实施有效的品德评价,全面提升了学生文明水平;通过实施荣誉积累、阅读积累、经典诗文背诵积累评价,提高了学生的学习动力;通过改进学科教学项目化过关测试,逐步形成了稳定的测评序列,来确保稳步巩固教学质量。同时,学校拓展"谁来评"通道,开创了家校共育的新局面,提升了家庭教育的有效性和学生参与评价的自觉性。

在"怎么评"问题上,学校根据学生综合素质评价项目内容设定不同项目的评价时间。在期中检测书写能力、语言表达能力,在学期后 2/3 阶段评价阅读能力、计算能力、写作能力等。测评后,通过计算机数据分析确定每个学生的学习成效,并直接由电脑按比例自动设定成绩等级。通过学生等次分布点图分析,学校可以比较科学地诊断不同教师的教学得失,引导教师加强对自身教学过程的诊断,及时发现问题,制定有效整改策略提高教学质量。

学生综合素质评价体系的改革和运用,迅速提升了学校教育教学质量,学校毕业班教学质量监测成绩连续三年大幅度提升,从瑞安市中下游水平一举跃入拔尖水平。总结经验,学生综合素质评价体系改革确实是撬动学校转型发展的牛鼻子。但学校学生综合素质评价体系的改革却永无止境,因为课程在变、未来对人才的要求在变、教学组织方式在变。那么,如何应变?我们需要建设"有长度、有宽度、有温度、有亮度"的学生综合素质评价系统。

——建设"有长度"的学生综合素质评价体系。

指要立足事物运动变化理论,抓住教育立德树人本质任务。对学生的综合素质评价要兼顾学生历史,要利用大数据系统记录不同时期和环境中学生的表现;要立足增值评价,抓实入口检测,强调正面导向,实现学生自我进步。

主要措施在于建立学校学生综合素质评价数据库,实施跟踪评价;建立高效的专项进步奖励制度,利用学校制度的力量发现学生的进步,给予及时鼓励。

围绕"有长度"的评价系统建设,今后仍要不断增加完善新的功能,如在线查询学生历年综合素质评价数据功能,在系统中设定学期进步奖、年度进步奖、长期努力奖等等,以表彰学生的稳定表现和长期努力。

——建设"有宽度"的学生综合素质评价体系。

指要立足多元智能理论,突出多元评价。要实施学科融合评价、家校联动评价,以确保发现学生的优势智能帮助学生树立学习信心,补齐学习短板,促进综合素质发展。

主要措施在于进行后进生学科差异系数分析。在每学期分项目(识字、写字、词汇量、写作、朗读、计算、数理表达、解决问题)教学质量监测成果的基础上,根据学生在年级段中的位数等次,分析自身的优势与不足,为学生开展校本课程选择提供参考依据。

今后学校还要围绕建设"有宽度"的素质报告单模型下功夫,不断改进素质报告单的分析功能,改进呈现方式,让学生能够知优点、知不足,以便选择更加有针对性的校本课程、课外学习辅助,进行更加高效的学习。

——建设"有亮度"的学生综合素质评价体系。

指要立足长板理论评价,把发现学生的闪光点作为评价工作的首先任务。主要包括实施家长参与品行评价、学生个人特长记录评价、学校"七色阳光卡"特长评价等举措。

家长参与品行评价,指由家长把学生在家庭中的文明礼仪、自我管理、参与生产生活实践的表现给予评价;学生个人特长评价主要包括学生参与各个学科、领域的各级各类比赛获奖记录;学校"七色阳光卡"是一种代币制评价方式,主要记录学生在卫生、纪律、文明、礼仪、学习方面取得的积累。

今后学校还要围绕建设"有亮度"的特色项目下功夫,特别是在优秀美德少年评选上加大宣传力度,要在学生中评选更多诸如"积极承担社会责任""积极参与同伴互助""关爱老人"类的荣誉,表彰学生的恻隐心、辞让心、羞恶心、是非心。

——建设"有温度"的学生综合素质评价体系。

指要立足需要层次理论评价。要充分尊重并发挥每一个学生自我实现的需要,把一切教学与管理工作聚焦到满足学生自我实现的需要上来,相信每一个生命个体都有本能求发光的需要,都有归属与爱的需要。

主要举措有后进生转化专项评价、剔除两极数据统计评价等等,进一步提高数据应用的合理性。

今后,学校还要围绕建设更加温暖的学生综合素质报告单下功夫,对于特殊儿童要给予更大关注;要在鼓励语设计、家校合作激励上下更多功夫,防止学能低下的学生过早被忽视或放弃,让他们都能得到应有的发展。

(2019 年 12 月 11 日)

16.

沉淀"阳光基因"，强化"四质"管理

余秋雨曾说："一个成功的大企业，它的经营模式一定是简单的；一个伟大的人物，他的人际关系一定是简单的；一个危机处理专家，他抓住问题的核心思路一定是简单的；一部划时代的著作，它的核心理念一定是简单的。"

一所优质学校的管理，虽然要应对的挑战会很多，但其核心模式一定是追求简单的。阳光小学把这种极简的管理特质追求归纳为"四质"——"抓本质、扬同质、育潜质、呈特质"。

"抓本质"——就是抓住教育核心任务，在现有教育环境中做减法。

在当前漫天飞舞的考核任务中，做减法不易。但我们必须要做。要始终分析什么事必须干，什么事该干，什么事不要干。对该干的事情，要分得清轻重缓急，要始终筛选基于学生需求的、价值高、时效急的事情先干。要始终自省——不是所有对学生有益的事情都是学校教育的职责，学校必须有选择性地抓住核心教学任务。

学校要不断提升校本管理核心任务体系建设，精选关键任务内容，建立相对封闭稳定的管理任务矩阵。要把临时性、外挂型的任务进行价值分析,要么纳入课程内容建设统一管理,要么踢出任务之外,以确保学校教育教学活动的相对稳定性。

学校管理层要不断反思工作任务的道德目的,要遵循教育的本质、规律办事;要始终立足于学生的全面多样化发展,要有勇于摈弃、拒绝与育人无关杂务的勇气,要有解放老师与教育无关工作的决心与策略,要有执行有效工作的战略定力。

今后,学校应加强临时性任务布置的监控管理,出台临时性教育教学任务审批制度;要始终围绕课程执行能力和达成度进行评估,突出因材施教,抓住学段特点,适时而施。

"扬同质"——就是把握教育本质内涵,在基础不实之处做加法。

要以学校的发展为契机,进一步加大学校制度建设,切实提高制度治校水平。今后在每一项制度出台之前,都要提前征询意见,先达到原则认同、方向一致,再出台细则;要严格执行制度,不断强化制度自觉,形成积极的组织文化特征。

具体到管理行为上,要始终坚持民主管理,凝聚集体意志;要善于建立师生同质组,把有相同价值观念、理想追求的教师、学生、家长群体团结起来,辅以共同愿景,推动学校进步;要把握制度的刚性与弹性,提高中层干部清晰分辨有心之过与无心之失的能力,不断提升集体凝聚力。

落实到行动上,要不断做大做强每学期一次的校本教育论坛、教学论坛活动,要发挥每月一次教学常规检查的诊断提升功能,要更好首席教师的带头、组织、评价职能。

"育潜质"——就是要发挥师生最大潜能,在形成教育合力上做乘法。

"育潜质"的核心在于抓住关键时期培养关键技能。对教师而言就是要抓住教师成长的规律，在关键时期用有效策略提升其教育情怀与关键技能。要学习新加坡教育优先投资教师的策略，特别是要把对新教师的培训和指导，作为管理工作的重要内容，切实做好学校"青蓝工程"的计划、教师自我发展规划等工作。

面向家长，学校要抓紧抓实家长学校课程建设，切实提升家庭教育的紧迫感和有效性。要有效谋划依据不同学生群体对家长进行分类学习培训，细化措施，给予不同家庭所需的教育建议及帮助。

面对学生，要切实提升学段德育水平，坚持全面育人、长板育人、短板救失；要让每个学生真正热爱学校、热爱学习、学有所长，做一个有"闪光"点的阳光学生。

今后，我们还需出台更加详尽的家校联系沟通细则，在原来制定的《阳光小学师生、家长自媒体使用规范建议》基础上，对班级、教师、家长如何使用微信群、QQ群、电话沟通进行规范细化，在内容、时段、规则上做出更明确要求，增强沟通的有效性。

"呈特质"——就是要沉淀"阳光基因"，在形成特色上做除法。

要始终把坚持面向全体、深入课堂、传导核心价值作为建设学校办学特色的道德标准，始终把传导语言文字系统、知识技能系统、价值判断体系、情感态度系统的价值作为学校管理的出发点和归宿，不断在传导这四大系统价值上做出特色。

要坚决杜绝违背教育规律进行的形象工程，坚决杜绝饮鸩止渴、杀鸡取卵之举。

（2019 年 12 月 12 日）

17.
多一分对学生自尊的关怀

每当学生六年级毕业的时候，很多家长要牵头组织各种毕业纪念活动。有的要拍毕业写真集，有的要组织外出集体旅游，有的要组织亲子集体聚餐……这些活动无可厚非，作为自愿组织的活动，学校没有权力反对。但是有一个温馨提醒，就是必须始终坚持一个导向——多一分对学生自尊的关怀。

虽然新加坡经济发达，但即便是在义务教育阶段，孩子们也是要缴一定的课本费的，并且还要缴纳一定的学费。可对于贫困的孩子，无论早中餐，还是课本费、校服费、学费，都可以申请减免。而这一切，学校会协同家长做好保密工作，而不让学生知情。

在今日之英国的公立中小学，仍有约六分之一的中小学生接受免费午餐。在伦敦，有些学校哪怕是在大人都无需上班的暴风雪天气都不停课，只为了让贫困孩子到学校吃免费中饭。当一些家长责问学校为什么不考虑让贫困孩子去学校吃饭而让其他学生停课时，学校告诉家长——他们不想让贫困的孩子觉得是在接受施舍，因为施舍的最高境界是保持受施者的尊严。

在维护学生的自尊面前，没有少数服从多数，有的只是对学生自尊的温情关怀。

当前,我们同样需要一份澄明的教育价值观作为引领。诸如"穷养男孩富养女孩"之类的观点、"不要输在起跑线上"的论调,都是基于狭隘的利己主义为价值判断准绳的,诸多油腻。只有教育学生崇尚简朴,勤于劳作,咬得了菜根,跑万米不累,才能成事。

在我们的身边,家长之间的经济条件差异是很大的。有些班级的家长为了毕业纪念活动一开始计划每人花费上千元,安排了很多活动。但我们必须意识到,上千元对于个别贫困的家庭绝对是一笔不小的负担。如何考虑到全体孩子的感受?办一场朴素又有意义的毕业纪念活动?应该作为我们送给孩子在小学阶段的最后一份关怀。

只有艰苦朴素的生活和艰难的磨练,才是学生真正的财富;在小学阶段大肆花钱,反而会助长学生挥霍的性格,对那些生活不富裕的家庭,也是一种无形的倾轧!

为教育者,我们必须保持清醒的头脑和明晰的教育态度,用清明的教育价值观为保护每一个学生参与有尊严地学习而努力!

(2019 年 12 月 28 日)

第五辑

"阳光教育"小贴士

1.
关于《家校联系本》的使用建议

建议一：坚持培养孩子誊抄家庭作业的习惯，做到每天不漏抄。这将有助于孩子每天将学校各科学习任务整理成一条线，帮助孩子逐步实现自我管理。还将大大提高班级内每次作业收齐率、正确率，助力建设良好班风反哺学生个体学习习惯！

对于刚入学的低段学生，由于书写能力不足，教师应采用简单的图形符号、简短字词来说明作业任务，以帮助孩子快速记录；对于一些誊抄能力特别低下或者惰性较强的孩子，家长应该提早主动介入，帮助孩子誊抄家庭学习作业；对于不能进入教室核对孩子家庭作业任务的家长，可以经常跟孩子的老师、同学核实，以确认孩子能否全面领受家庭学习任务。

建议二：家庭要提高对孩子完成家庭作业的关注度。关注孩子在完成家庭作业中的情绪、速度、及时度。

特别是在小学阶段，家长无需在孩子作业的对错上过多下功夫，而应该多陪伴少指导，多鼓励少批评，训练孩子作业过程中的注意力持续时间，提醒其不被干扰，用一定的速度完成作业内容；还应辅导孩子把作业进行分类，把操练、识记类的作业先完成，把阅读、思考类的作业后置,避免一开始就因为碰到困难影响作业进程。

在鼓励孩子深入思考的基础上,要避免孩子因为任务受阻耽误学习时间,要培养孩子打电话先找同伴再找老师解答疑惑的主动性。

建议三:不要在小学阶段就找社会培训机构代为管理孩子家庭作业。

这种行为不但无益于孩子学业成绩的提高,反而对孩子学习的行为习惯、专注度、内驱力带来很大破坏!原因在于在这些培训机构中,培训老师也仅仅停留在盯着学生作业的对错上,甚至由于参与学生人数多,不能一一照顾,不能让每个孩子都自觉高效地完成自己的作业。导致一些孩子原本只需要半小时就能完成的家庭作业,需要花数倍时间磨蹭。这不但不能提升孩子独立学习的专注度,甚至还助长了学生书写潦草、不主动思考、等待老师讲解答案等坏习惯,更不用说在社会培训机构中达到让学生收获更多温情的目的了。在社会培训机构中,很多学生在学习上的努力不能跟父母的关心、肯定、爱建立起联系,内部学习动力就逐渐减弱。此举实为得不偿失。

家庭教育的根本特征就是一对一的关注,多对一的温情。家庭教育若一开始就不能跟孩子进行丰富对话,不出三年孩子将不拿家长的话当话,此后家长将逐渐失去对孩子学习过程的管控权,甚至失去管教孩子的话语权。

还有不少家长总是以自己文化水平不高为理由,放弃对孩子作业过程的管理。实际上,就小学阶段而言,家庭教育无须家长文化水平多高,只要从每天确保让孩子带齐学习用品、每天回家让孩子整理好抽屉做起，积极对话，问问孩子今天老师教了什么、孩子做了哪些好事；问问孩子在学校发生了哪些开心的事；检查下孩子是否都能用《家校联系本》摘抄作业，是否能够迅速做事，作业本上字迹是否端正……也就够了。

如果家长能做到参与管理，积极对话，关注过程，就一定可以培养出一个好学优秀的孩子！那种所谓只听老师话、不听家长话的孩子，绝不是教育的成功。

(2019 年 12 月 14 日)

2.

切实提升学生的外部学习动力

在小学阶段，家长、教师、学校必须时刻自省一个问题——孩子学习的动力来自哪里？

荀子认为"人性本恶"，天生爱学习的孩子是极少见的。那些所谓为父母争气、为家族争光、为成就自身事业的学习动力，最迟也得在学生主体责任意识觉醒之后（学界一般认为在 11 周岁前后）。"为中华之崛起而读书"的动力，也只会萌发在满目疮痍的社会环境下那个年满 12 周岁的奇伟少年身上。

我们必须认识到，小学阶段孩子的内在学习动力是很薄弱的，要时刻关注从外部激励、内部唤醒两种途径激发。

外部激励在小学低段乃至整个小学阶段都是提升学生学习动力的主要手段。其动力源主要在于：(1)学生对新奇事物的强烈好奇心；(2)对良好同伴关系的强烈需求；(3)对学校奖励制度的无条件认可；(4)在集体生活中自我实现的需要；(5)在家庭生活中对归属与爱的需要。

因此，小学阶段要极力做好外部激励手段建设。不外乎以下几个方面：(1)学校要增强课堂趣味性；(2)开设孩子喜欢的校本拓展性兴趣特色课程,不断满足孩子参与兴趣特色课程的需求;(3)丰富学生课外活动;(4)注重培育孩子的同伴关系,教师与家长要为孩子建立良好的同伴团体,帮助孩子结交三五好友以增强其班集体归属感;(5)设置好合理的奖励措施及其频度;(6)家长要帮助孩子完成课外实践活动课程提升学习兴趣;(7)家长还要利用学校奖励制度参与到学校的奖励体系中,协同学校不断强化对孩子的奖励。

以上措施,归根结底是要让孩子感受到爱与归属感,让孩子感受到好好学习就是对父母、老师付出的爱的回馈,这是小学阶段孩子学习的根本动力。

这就是我们认为课后托管不能代替学生完成家庭作业更不能代替家庭教育的原因,也是众多教育人士一致认为决定个体教育成功与否的根本因素在家庭教育的原因。

在激励孩子外部学习动力时,常见的误区有两个方面:

一是过度依赖把看电视、玩电脑游戏、好吃好喝等作为激励手段。诚然,这些手段对孩子具备吸引力。但是,在家庭中,学习行为跟非学习行为绝不可如此截然割裂。如果不去关注孩子看电视的内容,不去管控好孩子使用电脑玩哪些游戏,或者仅仅只是为了吃喝而奖励,那么不良的电视节目、游戏项目,以及其他非学习行为的吸引力就会彻底转移孩子的兴趣点,使他们不能安心于学习,失去对学习过程的自我管控。

一些孩子,为了用好用足看电视、玩电脑游戏的时间,胡乱做作业的情况层出不穷。阳光小学 98 级毕业生中曾有一名学生,就因为爷爷告诉他做完了作业才可以看电视、玩电脑,从小学四年级开始到六年级,慢慢演变成做作业可以不问对错随便写几个数字或者词语应付家长、老师的地步,不去管这些数字、词语跟题目是否本身风牛马不相及,而这些题目他其实都会做。

看电视、玩电脑,必须被作为另一种方式的学习来对待,要作为另一种学习方式使用。家长、老师必须选择好电视节目、电脑学习项目,设定好看电视的学习目的,让学生明确可以用电脑去做什么(如进行网络学习、探究兴趣课程、观看科普专题片……),不可以做什么,要求学生严格执行,并加强过程管理,学生才能不至于被电视、电脑误导。

二是缺乏情感上的沟通激励。家长应该不断告诉孩子自己的感受,对孩子作业过程中表现出来的认真态度、专注程度表达自己的开心,对孩子的好学善问、自我管理表示自己的欣赏,对孩子在作业中取得的点滴进步要真切地引以为傲。

让孩子始终觉得自己因为在学习上的努力而成为父母的骄傲,这是家庭教育能够给予孩子最大的学习动力。好吃好喝之类的奖励如果没有以这点为基础,就会适得其反。任何其他的奖励手段,也都应该以此为基础。

(2019 年 12 月 14 日)

3.

有效提升学生的内部学习动力

这里所指的内部学习动力,区别于平常所说的学习动机。

学习动机指向学生想学、要学,而内部学习动力不仅指向学生想学、要学,还指向学生会学、乐学。学习动机更倾向于愿望、态度,而内部学习动力更倾向于过程、努力程度。

著名语言学家吕叔湘说:"教育的性质类似于农业,而绝对不像工业。"叶圣陶也说:"办教育的确跟种庄稼相仿……"温州教育人王振中先生有一个核心观点——"教育是农业,应不凌节而施",提出教育跟种植农作物一样,需要关注时令节气。

这些论断可以粗浅理解为——学生的成长如农作物生长一样,其成长动力自有特定的节气(时间段)规律。每一个时间段内要完成学生相应学习能力的培养,否则就如农作物生长时令不济或缺乏营养一样,收成寥寥!

如何沉淀"阳光基因",培养小学生内部学习动力?最根本的诀窍在于——在对的时间里做对的事。也就是说,在每一个学段里应该完成学生应有的发展,才能确保学生学习不受挫,从而不断积累学生的成功体验,呵护学生自我实现的需要,最终提升学生的内部学习力,达到会学、乐学。

选择对的时间做对的事,并不容易。教育中拔苗助长、只要葫芦不要藤的错误不少见,要成为一个有经验的教育农夫,并不简单,往往看着看着、被旁人说着说着、被这个检查着那个检查压着,就失去准心了。这很考验教育人的智慧。

在对的时间里不做或者做了不符合时节的活儿,对孩子来说就是灾难。举例来说,若在入学阶段不抓好握笔姿势开始教学,学生的书写能力就可能一辈子受到制约;若没有一入学就开始有意注意品质培养,实现注意力持久度、分配能力、转移能力的提升,学生就很难获得学习效率和成功感;若低年级不对班级师生、生生交互活动常规进行深入耕耘,这个班级就只能长出良莠不齐的"庄稼"。

再举两个可量化的例子:若一、二年级学生没有完成有专注度的40万以上字节的出声朗读练习,在三年级就很难形成全面准确的书面文字阅读理解能力;若从一年级到二年级学生书写速度没有从每分钟写3—4个字提高到10个字以上(在写好字的基础上),就会成为今后写作、科学观察实验记录等学习活动的障碍。

学习姿势、注意力品质、交互活动常规、出声阅读量、基本书写能力与速度……这些可以量化的素养,就如农作物需要的各种给养,只有在生长的各个阶段得到适时又充足的补充,"农作物"才能如期开花结果。错过节气或者给养不足,都将从根本上损耗孩子的内部学习动力。

所以,在教育的农田里,无论家长还是教师,最急迫的事,是要让自己成为一个培养孩子的"农夫",知道在什么节气该做什么事,在什么阶段该施什么肥;知道什么时候该"锄草"、什么时候该"深耕";知道什么病症的"作物"缺什么营养,该采取什么措施给什么"药"。如何应对教育的节气,适时而耕,这是一所学校必须着力整体科学设计的事。阳光小学把小学阶段学习归纳为"二十四节气",力求每个学年各有教育重点,循序渐进。

一年级——学拼音、勤识字、懂规矩、听号令

二年级——重书写、练运算、强记诵、成规范

三年级——首阅读、重积累、抓英语、促管控

四年级——求速度、拓兴趣、要习惯、达自理

五年级——练表达、熟读写、重思考、强体魄

六年级——成技能、讲文明、求进步、磨意志

把握"时令"耕种,在不同年级给予学生不同的给养,这是提升学生内部学习动力的关键。

如何提升? 在后续分年级逐一说明。

(2019 年 12 月 14 日)

4.

小学一年级的教育"节气"

阳光小学把小学一年级孩子的发展重点概括为——"学拼音、勤识字、懂规矩、听号令"。

——学拼音

拼音学习永远是入学教育绕不开的话题。学生学好拼音为大量识字提供了更大可能。借助拼音大量阅读、广泛识字,就能够更快发展出书面语言,为今后逻辑思维的提前快速发展提供更大可能。

当前诸如一些不必要让孩子提前识字、不必学习拼音的观点是缺乏充分论据的。拼音学习在新一轮人教版教材中被后置,恐怕并没有多大意义。历经 30 多年的拼音教学实践证明,学生学习拼音的生理条件在 6 周岁已经成熟,不存在太难学、学不好的问题。

当前存在于汉语拼音教学的最大问题在于没有继承好拼音教学作为技能教学的经验,而把拼音教学作为类知识教学来传授,对拼读方法缺乏科学的训练、感受、迁移,导致学生学习起来吃力,引发了拼音学习负担重的争议。

——勤识字

勤识字的根本目的在于提前识字、大量阅读,大量阅读是学生发展语言、内化个体言语能力的前提,而发展语言、形成言语是培育学生逻辑思维能力的前提。

心理学研究验证——思维先于语言发展,语言又可以通过抽象化的功能来帮助思维发展。尽管思维类型众多,形象思维、直觉思维并不依靠语言,但是人类逻辑思维和语言互相依存,思维越精确就越需要语言高度发展,所谓"语言是思维的外衣"就是这个道理。

一年级语文教材上册安排识字 300 个、写字 100 个,下册安排识字 400 个、写字 200 个,学完一年级就可以识字 700 个以上。要达到能提前进行一般性阅读,关键就在于识字。所以家长、老师不妨引领孩子准备一本识字"采蜜本",争取带领孩子多开展实践性识字活动,每时每刻、随地随处都可以引领孩子去识字。

"学拼音,勤识字"是教育的"惊蛰"季,天暖地开、春雷乍动、蛰虫醒来,拉开的是春耕的序幕,绝不可因耕地累就浅耕、迟耕或不耕。

——懂规矩

懂规矩指的是遵守在校学习的常规,它为学生在集体学习中的有效性提供了基本保障。一年级的孩子刚开始过集体生活,自我约束能力极弱。在此期间,家长、教师要帮助孩子充分熟悉学校制定的不同学科、不同时间段、不同场所的活动常规和要求,在文明、礼仪、自律、劳动、卫生等方面做好榜样;要找准孩子在集体生活中的位置,发现其不合群因素加以改进。

懂规矩,是幼小衔接的关键,也是该时期家庭教育的核心。家长要配合老师帮助孩子建立课节的概念,阐明课内该干什么,课后该干什么;每个家庭应贴好班级功课表、学校作息时间表,帮助学生养成时间观念；要从训练学生的坐姿、排队纪律入手，培养学生的学习专注度，发展学生智力。

此时期，还需要学习的规矩很多。有一条规矩需要家长引起高度重视，那就是——在孩子面前建立老师威信。家长要当着孩子面跟老师沟通，表达对老师的尊重，表达对孩子的关心和欣赏，孩子才能更加亲其师，信其道。

——听号令

听号令指学生在学习过程中能自觉接受调度，它关系着学生参与集体学习过程的有效性。一年级的孩子注意力持续时间很短，但同时也是注意力品质快速发展的黄金时期。在此期间，老师要充分利用集体活动调动孩子的集中注意力。

因此，一年级的课堂教学组织方式应当突出整体参与、整齐推进，要雨露均沾；多采用一问齐答、一问多答、互比互答、快速接龙、抢答等课堂组织形式，不能只采取一问一答的定点施肥式；要随时表扬注意力集中的同学，防止其他学生不听号令分散注意力。

家长在家庭教育中也要做好相关训练，培养孩子专注做事的习惯，如吃饭不看电视、专注 10—15 分钟快速做完一件事、对父母吩咐的事情快速应答、高效完成等。

"懂规矩，听号令"是教育农业的整畦阶段，在小学一年级必须高质量完成，不可欠账。

（2019 年 12 月 14 日）

5.

小学二年级的教育"节气"（上）

　　小学二年级，是学生智力发展最为迅速的阶段，也是学习习惯养成的关键年段。二年级学习有效与否，将决定学生在三年级是否会被分化。

　　英国《每日邮报》报道，英国爱丁堡大学的研究人员发现，孩子7岁时的数学和阅读技能会影响他们今后是否能获得事业的成功。研究人员选取7万人进行了长达50年的跟踪调查，发现孩子在7岁时如果数学和阅读技能方面非常出众，他们成年后拥有较高的收入、较好的住房条件和较好工作的可能性明显增加。在7岁时的阅读能力提高一个档次，那么他们在42岁时的年收入就会增加5000英镑。

　　中国也有一句古老的谚语"三岁看小，七岁看老"。7岁，正是处在小学二年级时期，这个时候的孩子处于个性形成的初期，各种潜在的能力都初步显露出来，教师、家长要善于抓住机遇进行干预，强化优势，弥补不足。阳光小学把此时期的教育"时令"，具体表述为——重书写、练运算、强记诵、成规范。

——重书写

重书写,源于汉语这一语言学习的特殊性。汉语学习没有英语书写那么容易,一年级的孩子由于受到手指小肌肉能力发展的限制,能够把汉字书写技能掌握好的只在少数。汉字笔画的起承转折、疏密交接关系,到二年级才逐步被广泛掌握。

如果说一年级的学生只在画字阶段的话,二年级才算真正进入写字阶段。在这个过程中,学生书写注意力会持续发展(有意注意训练的目标要达到 12 分钟以上),对汉字的观察辨析能力会不断深入,书写速度会稳定提升(一分钟书写 7—10 个字),书写能力从入门到熟练掌握,并成为今后所有学科学习的基本技能。否则,进入三年级,学生就会形成作业拖拉、注意力松散等问题。所以在二年级发展学生的书写能力要成为第一要务。

书写能力的培养,关键在于语文教师,落实在语文课堂。要大幅减少二年级语文课堂课文分析的时间,确保每节课 10 分钟书写操练时间。目前学校安排的每周一节校本写字课,是对书写能力培养的有效补充,旨在提高学生书写兴趣,体会汉字书写文化,端正学生书写态度。

二年级的语文教学,教师要勤于书写示范,引导学生在描红中体会轻重快慢,提高学生书写动作的精细化水平;要指导学生描红的方法,发现学生在笔画、笔顺、间架结构书写上的努力,并及时予以表扬,圈点出学生书写上的进步。否则,一旦某个班级形成了应付性书写的风气,就积重难返。

除语文教学之外,写数、写算式、标符号,同样都要突出美观、养成习惯。要在学生的笔尖上培养学习态度,要慢慢养成学生下笔前有仔细观察的严谨、写一笔当一笔用的高效。对于目前书写能力落后的同学,要家校合力想方设法弥补不足。

学校设立二年级书写过关检测,就是基于以上考虑。新出台的《阳光小学学生书写能力过关检测实施方案》,详细制定了各个年级应该达到的标准,将成为学校今后深化学生书写能力培养的纲领性标准,要一以贯之落实。

——练运算

本文开头提到英国爱丁堡大学对 7 岁孩子数学能力的跟踪研究,为什么他们不去研究 6 岁的孩子?原因或许很简单——全世界的孩子大多从 6 周岁入小学。6 周岁的孩子大体还处于只能认识具体数概念、理解基本的和差关系阶段,而从二年级开始,则要进入倍数关系学习,需要更强的理解、运算能力作为支撑,这是数学能力的巨大飞跃,标志着数学学习迈入一个新台阶,学生之间的差异对比也就显得更加明显。

中国历来就是一个运算教育强国,早期的珠心算、速算教育运动都有一套成型的运算教育方法,对新加坡等东南亚国家影响深远。2014 年《乌鲁木齐晚报》曾报道,60 名中国教师赴英传授数学教学方法,英国特别强调要去教好"小九九表"。英国广播公司在 2014 年 3 月 12 日报道——英国国家数学能力中心调查显示,英国成年人数学不好导致英国政府每年直接或间接经济损失达 200 亿英镑。目前西方国家已经意识到,对于普通国民,仅仅让他们理解算理、学习算法,靠着计算器去运算是不够的,具备相对熟练的运算技能应该成为国民基本素养。

所以,二年级的运算训练尤为重要。一方面要加深巩固学生 100 以内数的加减运算,提高准确率与速度;另一方面,要教实教好"小九九表",让每一个学生都能快速进行 100 以内表内乘法运算。

在这方面,我们的教学需要做细做实,加强个别辅导,要能够对照每一个学生的错误特征分析学生在哪些数的运算上最容易出错,加强针对性训练;要开展口算技能大比拼、实施基本运算技能全员过关活动,确保每一个学生都不落下。

总而言之,二年级的写字教学、运算教学,要施重肥。

(2019 年 12 月 16 日)

6.

小学二年级的教育"节气"（下）

　　小学二年级学生所处的教育"节气"，除了上述"重书写、练运算"之外，还有"强记诵、成规范"。

　　——强记诵

　　记，指记忆能力；诵，指出声诵读。强记诵，就是要加强记忆能力、诵读能力的训练。

　　记忆能力不是天生的，除遗传因素之外，更是可以通过训练得以强化的。记忆材料本身的构成方式、记忆过程中的专注度、对材料的信息加工程度及复习频率都会影响记忆效果。

　　二年级学生的记忆任务很重。单是语文识字量教学，就达到800个字左右的目标，同时要会写400多个汉字，能够广泛积累词语，做到普通读物基本能读懂意思，达到提前阅读的目标。并且，要为学习三年级科学学科的文本阅读能力打下良好基础——因为三年级的科学学科学习所需要的语文能力要求，比三年级语文教材训练所能达到的语文能力高得多。

　　所以，"强记诵"就成为二年级学生学习的关键任务。必须加强二年级学生对字词的学习和巩固，要利用学生记忆特点，给学生配备更加有效的词语手册等辅助材料（这点新加坡做得非常精细，值得学习）；要利用遗忘规律加强复习巩固，如安排学生定期读生字卡片、读词语卡片等等，以提高巩固水平。

二年级还是朗读能力发展的关键期，是以词语为基本单元掌握语言轻重节律格式的起步期，要多让学生跟老师诵读、跟课文录音诵读。要以诵促记，让学生能够通过有声语言窥视自身记忆活动过程，因为出声诵读比单纯视觉记忆更高效，也能够强化学生在语言信息摄入过程中的专注度、持久度。

除了记诵课本字词、语句、词语卡片之外，还必须增加课外自主积累字词，提高课外阅读量，全面提升语文水平。二年级学生在没有指导下的看书活动中收效是很低的，更需要在教师指导下进行低管控、高参与性的记诵活动。因此，学校给二年级的孩子精选了《声律启蒙》《笠翁对韵》两本课外辅助经典读本，供二年级上、下册学生记诵积累之用。

除了语文学习，数学学习也需要"强记诵"。九九表中的每一条乘法口诀、算理理解是举一反三的。可即便学生已经把算理都理解很透彻了，记忆口诀仍然是不容易的。要训练好计算技能，同样非得强化记忆训练不可。

所以，二年级应该是一个强记诵的年级，是一个需要更多死记硬背的年级。阳光小学每个学期开展的识字能力过关、词汇积累量监测、古诗文背诵考级活动，都是"强记诵"的具体举措。

——成规范

二年级所要达到的"成规范"目标，是指要形成基本稳定的学习习惯特征，形成初步稳定的在校一日常规以及在家一日学习常规。

在校一日常规,强调每天要做到按时上下学,到校、离校向保安、同学、老师问好。到校后自觉开展晨读,每节课前做到铃声响进教室,快速做好课前准备,上课专心听讲、积极发言、勇敢提问,课后及时摘记家庭作业,积极参加课间同伴活动,不挑食、不浪费食物,放学后整理好抽屉、学习用品,保质保量完成教室及学校公共区域卫生保洁任务等要求。

在家一日常规,强调要做到每天放学回家跟父母报到,每天回家先在规定时间内完成家庭作业任务,作业过程中做到不分心,有疑问及时先向同学再向老师请教,告诉爸爸妈妈自己一天的表现和收获,每天睡觉前整理第二天学习用品,每天确保按时睡觉(晚8:30—9:00),每天上午定时起床、穿衣洗漱,每天上学前检查自己的着装(红领巾、校徽),每天出门上学跟家长道别等要求。

在二年级,如果发现孩子做作业总是集中不了注意力,做事拖拉,作业不能快速完成,家长就需要特别注意,要配合老师的要求加强对学生在学习行为过程中的监控约束,要在孩子的学习过程中进行侧面观察、监督强化,否则这类孩子的学业成绩将一泻千里。

二年级的孩子,是最容易培养一日常规的年级。一年级的孩子往往过于稚嫩,难以完全达成目标;三年级的孩子由于个性意识觉醒,对教师、家长的绝对服从意识逐步下降。二年级才是最佳时机。

好规范成就不易,好规范让孩子受益终身。在小学阶段,不同年级学生的家长,在学生学习过程中的参与度和侧重点应该是不同的。小学一年级多帮助解决困难,二年级多陪伴学习过程,三年级多监督学习态度,四年级多沟通学习表现,五年级多提供展示机会,六年级多协同谈心谈话。二年级尤其关键,在这个年级帮助孩子提早形成规范,将是最有效的陪伴。

(2019 年 12 月 17 日)

7.
小学三年级孩子的教育"节气"（上）

新加坡在 20 世纪 80 年代初开展了小学三年级分流教学,主导此项工作的是时任新加坡副总理吴庆瑞。基于发布的《吴庆瑞报告书》研究结果,新加坡政府主张通过小学生前三年的学习基本上可以判断孩子今后的学习潜力,国家需要对全国学生按照学习能力进行分类后安排不同的课程进行后续学习,实施真正意义上的因材施教。

尽管今天新加坡把原来三年级后分流的时间调整到了四年级后,但是,学完三年级后的学生在学习能力上存在巨大差异已经是不争的事实。在国内,小学三年级也是学生成绩分化的一道分水岭,被教育人广为接受。

因此,在三年级这一年该如何组织学生进行有效学习,需要引起我们的高度重视。阳光小学把三年级孩子所处的教育"节气"描述为——"首阅读、重积累、抓英语、促管控"。

——首阅读

经过一、二年级 1400 个字左右的识字量教学以及丰富的词汇积累后,三年级的孩子已经具备了广泛阅读的能力基础,此时最关键、最需要的学习项目在于——阅读。

此时的阅读学习,不应只局限在语文一个学科的,而是所有学科都需要共同推动的事。数学要推动学生数学阅读,引导学生读一些数学小故事、小游戏,了解一些数学家、接触一些数学模型与规律;科学书本对语文阅读水平的要求比语文书更高,更需要加强学生对书本阅读、理解能力的培养;语文教学当然更是责无旁贷。

此时,必须培养学生碰到不懂字词自己查字典解决的动力和习惯;必须提高孩子出声阅读量达到 40 万字,默读阅读量达到 200 万字以上(根据苏霍姆林斯基的建议);坚持每学期每学科课外精读 1—2 本书、泛读 4—5 本书以上,才能达到后续学习所需要的阅读能力。

在三年级,阅读能力养成的根本途径在于学生自我建构,而不是教师的阅读讲解。教师要选择必要的篇目进行精读讲解,但更需要引导学生进行泛读,更关键的是要带领学生养成阅读摘记的习惯。详细说来,教师要逐步带领学生体会用词之精、构句之序、描写之细、议论之严谨、说明之准确、情感之真挚、逻辑之严密。阅读面的增广、范例的运用与内化,才是提高学生语文能力的关键,老师切不可抓着每一篇文章过度讲解分析,取代学生自我建构。

当前推行的所谓"群文阅读"法,本质是在学生相近的阅读理解能力区间内,提供一些相近的文章,让学生进行对比性、联系性阅读,使其得到更高效的发展。阳光小学在三年级安排了《增广贤文》《幼学琼林》两本经典诵读书目,并且增加了一部分较高要求的内容作为学生补充精读材料。这些文章具备较高的品德教育价值,更可以作为学生除课文之外精读文章的有效补充,对学生阅读能力提升大有裨益。

——重积累

积累任何时候都需要,为何在三年级要特别重视?

这是因为,三年级的孩子自我分析、自我评判、自主选择、自主管理能力得到初步发展,自主积累已经成为可能。如读一篇文章,二年级的孩子还很难分析哪些是好词好句,他们往往会把自己不认识的、不懂的都选择为好词好句,而三年级的孩子,在老师前期的引导下已经能够根据自己的阅读经验进行一定水平的选择,这为孩子进行自主学习、自主积累提供了最好的时机。

三年级,要积累什么?在语文学习上,要积累好词好句、好的修辞、好的写作手法(描写、议论、抒情)、好的标点符号用法等等,还要去积累文学作品中的人物形象,体会情感特点,形成自身的价值判断;在数学上,要积累计算技能,积累各种数学模型、范式,积累自己的错题库,形成反思、提醒自我的初步能力;在科学上,要积极参与各类实验活动,丰富各类实验经验,获得第一手学习体会,为形成积极的探究态度铺路。

所以,在三年级最有可能引导学生培养成自主积累的学习习惯。这是二年级学生不能有效完成的,也是学生学习能力培养起始阶段最重要的。

(2019 年 12 月 17 日)

8.

小学三年级孩子的教育"节气"（中）

三年级的孩子，增加了一门重要的学科学习任务——英语。大多数国家在开设外语课的时候，都是从三年级开始的。普遍看来，三年级是学习第二语言较好的时间起点。而要真正学好第二语言，却是很难的，世界上真正能够把双语教学做好的国家，几乎没有。即便是在被称为双语教学典范的新加坡，从小一开始就全部以英语作为第一教学语言、工作语言，从一年级起就开设华文、马来文、淡米尔文等母语课，并且从三年级起分层开设基础母语、普通母语、高级母语课程，但真正能够熟练掌握两种语言的人不到15％，只能熟练使用英语的人占 80％，两种语言都用不好的人约占 5％。

一旦第二语言进入课堂学习，学校和学生都需要做好充分的规划和准备。因此，三年级处在一个重要的"节气"上，那就是要"抓英语"。

——抓英语

英语之所以要成为三年级教学关注的重心，一方面是教育者必须首先为学生营造学习英语很有趣的初步印象，另一方面要让孩子觉得学英语也并不难。而这两点,我们目前都做得很不够。

毫无疑问,一旦一开始接触英语就让孩子觉得英语很难学、很无趣的话,学习的挫败感将大大阻碍孩子今后的第二语言学习,这对于教育的损害将是巨大的。李光耀说:"懂得多一种语文,你就会多了解一种文化、不同的文明,你的思想就像开了窗子,开朗多了,你也就不可避免地会感受到对他人的了解和容忍。""如果你通晓两种语言,看事物就有两种观点,那么这个世界在你眼中是立体的。所以,除了双语原则之外,再没有别的途径。"学习好一门外语是如此重要,我们更得好好把握三年级学英语的入门关键期。

如何让孩子觉得学英语很有趣?关键在于要组织游戏教学、情境教学。

教育人普遍认可——目前我们国内使用的诸多教材中,把教学内容、教学法、学习方式结合起来编排得最好、最有利于高效学习的,非英语教材莫属。英语教材的情境创设、游戏方式、在不同语境中复现巩固知识点的编排,为孩子进行有趣学习提供了最大可能。但同时要清晰认识到这种结构编排和教学法的不足——这样的设计对平时活泼、积极、交往能力强的同学,往往极为有效;而对于一些性格内向、交往欲望低下、平时朋友少、群体参与度低的学生,是很容易在这样的环境中掉队的。

所以,如何让这些性格内向、群体参与度低下的学生,积极参与到英语教学的情境中来,参与到同伴游戏中来,就成为三年级"抓英语"的关键。老师一开始必须切实做到带动全体,让每一个学生都参与进来,鼓励学生的参与,鼓励并创造机会让内向的学生扮演更多的角色,才能实现面向全体高效的英语教学。家长也应该精准分析孩子的性格特征和同伴活动参与度,鼓励孩子积极、乐观地参与集体活动,以便提高孩子英语学习有效性。

如何让孩子觉得学英语不难?

学习第二语言跟学习母语最大的区别在于口语基础和语言环境不同。我们的孩子学汉语之所以容易,是因为前期具备良好的口语基础和语言环境,并且已经在前期口语环境中习得基本的汉语语法规范。而孩子学外语根本不具备这两种条件。前期口语基础无法再造,只能由教师在课堂组织语言上予以补充;此外最高效的方法就是努力为孩子创设一个有利于学习英语的语言环境,这是学校和家长共同的责任。

对学校来说,应该提供更多资源,组建更有力的队伍,开办"英语角"之类的课外活动,提高英语环境创设的质量。对家长来说,应该积极咨询老师、朋友,如何在家里为孩子创设一个良好的英语学习环境,以配合孩子的英语学习,而不是盲目送孩子去这里那里学英语。特别是那些平时比较内向、冷峻的孩子,更需要这方面的辅助,这将令孩子受益终身。

创设孩子英语学习环境有一项最有效的举措——为孩子配备好播放与英语教材配套数据光盘的播放工具,可以是电脑、ipad 或其他工具,以确保孩子每天能够听英语、跟英语、读英语,然后逐步达到张口说英语。阳光小学经过近三年来的不断奔走呼吁,大部分家庭已经重视该项环境建设,但仍然还有 15% 左右的家庭,家里没有播放设备,孩子在家也没有收听、跟读过英语,这是无法满足孩子学习英语的需要的。

三年级英语课本第一册开篇语有几句非常精彩的话,点出了学习英语的最有效方法(如图 1)。从第二、三、四段中,我们可以读懂情境、有趣、学习环境这三个要素对学习英语的重要性。

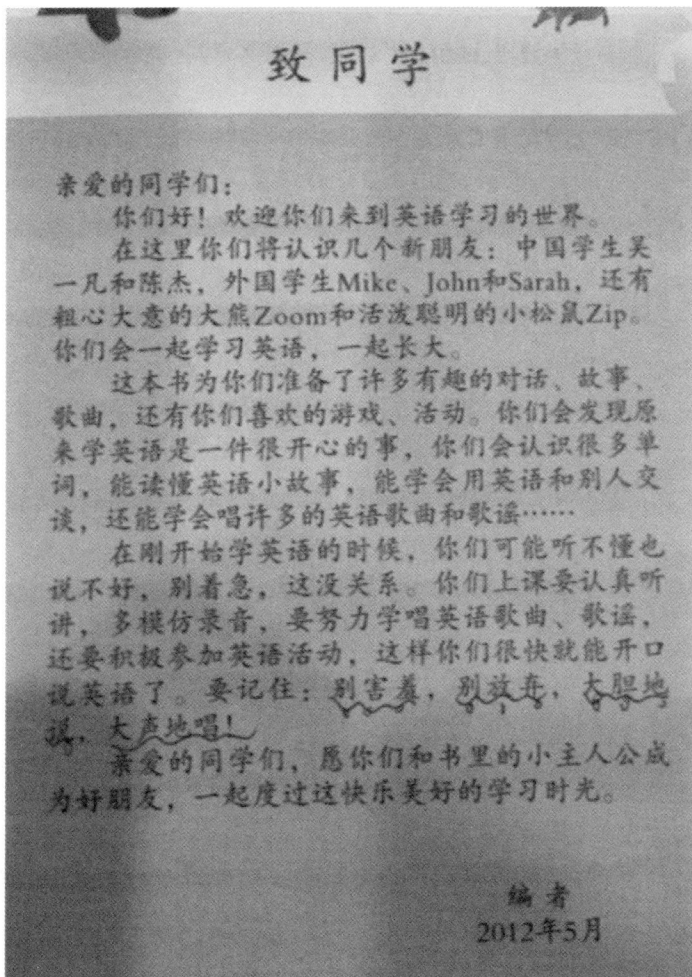

致同学

亲爱的同学们:

你们好! 欢迎你们来到英语学习的世界。

在这里你们将认识几个新朋友:中国学生吴一凡和陈杰,外国学生Mike、John和Sarah,还有粗心大意的大熊Zoom和活泼聪明的小松鼠Zip。你们会一起学习英语,一起长大。

这本书为你们准备了许多有趣的对话、故事、歌曲,还有你们喜欢的游戏、活动。你们会发现原来学英语是一件很开心的事,你们会认识很多单词,能读懂英语小故事,能学会用英语和别人交谈,还能学会唱许多的英语歌曲和歌谣……

在刚开始学英语的时候,你们可能听不懂也说不好,别着急,这没关系。你们上课要认真听讲,多模仿录音,要努力学唱英语歌曲、歌谣,还要积极参加英语活动,这样你们很快就能开口说英语了。要记住:别害羞,别放弃,大胆地说,大声地唱!

亲爱的同学们,愿你们和书里的小主人公成为好朋友,一起度过这快乐美好的学习时光。

编者
2012年5月

图1 学习英语的最有效方法

如开篇语所讲,要让所有的学生都能够"别害羞、别放弃、大胆地说、大声地唱",这是我们必须时刻关注的学习英语应有的状态。

新加坡人相信——抓好英语,学好中文,你将拥有整个世界。

(2019 年 12 月 18 日)

9.
小学三年级孩子的教育"节气"（下）

在新加坡,小学一、二年级只招收 30 个学生。到了三、四年级,原有的行政班会被打散,按照学习能力重新编班,每个班编排 35 个左右学生,学习能力好的学生班级人数更多一些,学习能力差的学生班级人数更少一些,甚至有些班级低于 25 个学生。到了五、六年级,每个班编排 40 个左右的学生,同样按照学习能力编班,班级人数差距拉开更大。之所以在三年级重新编班,是因为三年级的孩子差异已经拉大。

三年级的孩子,有一种不可忽视的现象,那就是慢慢地学会了说谎。很多家长和老师会有这样的体会——发现某个孩子开始说谎最早的时间,往往是在三年级。其实这不用惊慌,这源于孩子自我管理、自我监控意识的萌芽,需要我们细致观察、悉心引导。由此提醒我们需要关注三年级孩子所处的第四个教育节气——"促管控"。

此处所谓"促管控",指促进学生自我管控能力的发展。

小学生自我管控意识往往可以在对家长、老师的要求、任务的抵抗行为中被观察到,比如故意漏抄某项不愿做的作业,故意不带作业本以回避教师的检查,故意找理由不参加学校集会、课间操等活动等。出现这种情况的起因往往是学生发现了教师或者家长在管理其学习过程中的某一次疏忽,比如让他发现没有做作业老师也不知道,少抄一项作业家长也不知情,假装一次肚子不舒服就可以不去做课间操……

只要这种投机行为有两三次得逞,这个学生可能就会因此尝到甜头,不断利用家校联系中的信息不对称或者教师在进行全体管理时的疏漏,形成各类恶习。

所以,一些因父母关系紧张在学习上受关注度较低的孩子,往往先形成这类毛病。一些教学管理不够细致,有任务不检查或者任务与检查不对等的班级,会更多出现这样的学生。一些教学检查不能顾及全体或者不及时的学科,也会不断催生这样的学生。

反过来观察,只要大面积出现这样的学生,也可以断定这个孩子所在的某个学科教学、某个班级管理以及家庭亲子关系的基本状况。

那么,如何促进学生的自我管控能力提升呢?

首先,要加强道德认知教育。三年级的品德教育课,此时显得尤为重要。教师不能只停留在品德书本的讲解上,而要从班级管理的实际中发现品德教育契机,要切实分析学生违纪行为产生的原因,要讲深、讲透在校一日行为常规背后的职责、价值所在,如为什么要参加大课间活动、为什么要按时高质量完成作业、为什么要认真听课、为什么要积极发言、为什么要声音响亮等等,切实提高学生的道德认知水平。

对于一日常规,一年级的时候讲给学生,学生听了也没用;到了三年级,往往被一些老师认为理所当然而疏忽了去传导这些规范深层的道德价值,导致学生的道德认知跟道德行为不能同步匹配,自然不再听从教师、家长的要求与管教。所以,忽视落实学生在校一日常规,学生自我管控能力就弱。

其次,要提高教学管控执行力度。

学生在学习中的反向行为,往往是由管控不到位产生的反向强化所致。这要求教师在三年级的班级管理中,突出"言必践,行必果"的坚决,强调每一个学生都必须完成自身处在班级中的岗位职责,每一个学生都应该完成相应的学习任务;必须坚持全面检查,对学生在学习中能够完成而不完成的任务、在班级中应该履行而未履行的职责,进行严格的追查,不给学生滥竽充数的机会。

由于三年级教学任务增多,学生一开始会显得忙乱,经常会遗忘、疏漏学习任务,所以一开始可以给予学生适当宽松的要求。但是老师必须全面管控,不能让学生产生捡漏取巧的机会。

三年级的教师教学任务多,特别是英语、科学学科,往往要担任 4、5 个班级的教学任务,面对 200 多位学生,难以照顾监督到全体。此时更需要在督查落实上做文章,建立起自己的班级管理小团队,除了关键任务要求自改自查外,还应该组织学生干部查、学生互查等形式,落实对学习任务完成情况的普查,防止因为教师、家长的组织不到位,滋长学生的投机心理。

第三,激励学生自觉管控上的努力。

如果说个别学生违纪行为是因为自我管控能力不足,那么除了对症下药之外,如何查找病源,进行全班学生健康管理才是工作的重点。

教师和家长需要有意安排并激励学生在自我管控上的努力。比如设定一本"错题本",让学生及时整理收集自己的错题,第一时间寻找解决方法;经常鼓励学生对《家校联系本》进行自查,确保每一项课后作业按规定完成;定期利用班会课召开分享会,分享一些孩子快速完成作业、进行自主学习的经验;以班级为中心开展诸如"认真写字月"主题教育活动等,提高学生自我管理的意识和能力。

孩子的自我管控能力,更多体现在单独学习活动之中。因此家庭教育的占比更大,家长可以借助班集体的力量,为孩子的自我管控努力(如每天定量阅读、每周定量运动、每天回家高效完成作业等)进行分享打卡,分发到班级群、朋友圈等,对孩子都是非常有效的激励。

三年级,正因为学生自我监管意识的萌芽,才是教育重要的分水岭。

(2019 年 12 月 19 日)

10.
小学四年级孩子的教育"节气"（上）

在新加坡，小学三年级结束以后，会进行一项全国性特选考试，选拔前 1% 的孩子，进入英才班（全国共 8 所学校具备开办英才班资格）。被选上的孩子会脱离原来的班级或者转学进入其他学校学习。四年级结束后，学校会进行学科学习能力测试，然后在五年级根据测试成绩安排不同等级的课程，把学生编入不同的班级进行学习。如语文有高级语文、普通语文、基础语文，科学、数学都分高级、普通两级课程。

经过前三年的学习，四年级的学生学习能力差异进一步拉大，这是普遍的规律，需要学校管理方做出积极应对。为确保四年级学生人人得到有效发展，阳光小学把四年级的教育节气表述为——"求速度、拓兴趣、要习惯、达自理"。

——求速度

在四年级，着重要训练好书写速度、阅读速度与计算速度。

（1）书写速度。

四年级的孩子在书写上容易形成两个极端，要么求快但是字迹潦草，要么书写工整但是速度很慢，能够写工整又具备较快速度的,为数不多。要提高学生书写速度,又不以牺牲工整为代价,需要训练学生提前谋划布局、正确的笔画顺序、落笔不悔的书写能力,还要教给孩子必要的修改符号使用技巧。

提前谋划布局,指的是不论在语文写作、数学解题还是其他答题活动中,教师一开始就要有意识指导学生应该从哪里开始书写,写多大字号合适,书写应该注意哪些格式,怎样布局更加美观……这些指导能有效提高学生的书写效率,提升学习的获得感,但往往没有引起老师应有的重视。其实,做好这些小细节指导往往事半功倍。

有无正确的笔画顺序,会影响书写的速度。因此在选择各类语文《生字抄写本》的时候,应该突出选择有范字描红(英语也一样)、有笔顺指导的手写体抄写本,让孩子都能够正确按笔顺书写。

落笔不悔的书写能力,指的是要强调写好基本笔画——横平竖直,撇捺的种类能区分,点画的变化……四年级提倡逐步用钢笔、水笔代替铅笔书写,就是为了防止擦了写、写了擦,来提高学生书写的准确性、有效度,这与提高学生落笔不悔的书写能力要求一致。要求基本笔画不但能写得好,还要能写得快、写得准确。

必要的修改符号使用技巧,在四年级尤为重要,但同样很容易被老师忽视。由于不会使用修改符号,学生发现落字、写错字后,经常就把之前写的擦了重写,极大影响书写效率。教会学生使用适当的插入符号、删除符号、修改符号,能够有效提高学生的书写速度,这要引起老师的普遍重视。

(2)阅读速度。

达到一定的阅读速度,同样是四年级教学的核心任务。阅读速度不是见字出声的速率,也不是把汉字输入人脑的速度,而是通过阅读提取关键信息的速度,这是一项关键能力。

国际学生 pisa 能力测试为什么要选择阅读、数学和科学三项作为基本测试项目? 这是因为在全世界范围内,阅读能力是最关键的学习能力。而阅读速度是阅读能力的核心要素。当前一些孩子在小学六年级语文测试的时候,语文试卷读都不能有效读完;近些年的语文测试试卷,阅读量都在不断增大,体现的就是对阅读速度的要求在提高。

在四年级如何提高学生的阅读速度?

一方面,要保证大量的阅读。语文学科要坚持指导每学期精读 3 本书、泛读 5 本书以上,培养学生积极阅读积累的习惯。其他各个学科都应该有意为学生增加阅读拓展训练,扩大学生的阅读面,从而提高学生的阅读理解力。

然而,单单在阅读量上的扩展对提升学生的阅读速度是不够的。阅读速度的提升关键在于核心信息提取能力的提升,是需要技巧方法上的专项训练的。

所以,另一方面我们需要在训练学生的阅读技能上下更多功夫。如进行更加有效的缩句训练、利用关联词提取核心信息、利用上下文抓住逻辑重点、利用句子之间的关系甄别核心句、利用段落内部的结构提取关键句、利用文本结构提取核心信息、利用各句逻辑重点串联核心信息等,这些专项能力的全面训练才能真正提高学生的阅读速度。

在有效提升学生阅读速度的训练中,老师本身的阅读技能是关键的影响因素。老师是否具备语段布局的能力、分析段落结构的能力、熟练分析单复句及逻辑关系的能力、提取单句中逻辑重点的能力,直接影响指导学生快速阅读的有效性。

学校还要加强阅读能力的专项测评,把过于偏重人文性的语文教学方式、过于突出主观个人理解与体验的课堂,调转到语文教学工具性训练轨道上来,以一定的阅读速度要求为导向,来推动语文课堂教学的变革。

(3)计算速度。

在四年级还要加强运算速度的训练,这是当前我国基础教育的优势所在,不可偏废。基本的数算技能,还是需要强化训练,以提高速度,提升准确率。我们仍需继续加强每天的口算训练,定期进行口算过关考核,在此就不展开阐述了。

(2019 年 12 月 20 日)

11.

小学四年级孩子的教育"节气"（中）

在四年级重提学习兴趣的培养，原因在于四年级既是学有余力学生的提前发展起飞期，也是学力不足学生的畏学情绪沉淀期。所以，四年级教学还处在一个重要的"节气"——拓兴趣上。

其一，如何拓宽学有余力学生的学习兴趣，让他们获得更快的发展？

这是摆在我们面前很不好解决的一个问题。目前我们的基础教育制度没有为学有余力的学生铺设专门的轨道；学校的老师囿于繁重的社会性事务、教学任务和后进生辅导工作，常常有心无力。在目前条件下提高学有余力学生学习兴趣比较有效的方式，是提供更多资讯平台让学生自主探究学习。

以《今日头条》资讯为例。在数学领域，不妨提供一些大 V 账号，如"数学思想""朵妈数学课堂""秒懂数学""小学数学园地视频""学霸数学""好玩的数学"等，让学生从中选择一两个跟踪学习；在语文学习领域，不妨提供如"语文田老师""语文报社""亮叔讲语文"等账号，或者建议学生自己搜索自己需要的领域或专题开展跟踪学习；在英语领域，同样有"英语影视配音员孙志立""傻瓜英语官方""华尔街英语""美剧英语口语"等大 V 账号可以学习;在科学领域,"科学声音""魔力科学小实验""科学网"等账号同样可以给学生提供更好的学习资讯。

此外,许多微信小程序如"语文点读机""小学语文点读""小学语文同步学""考拉阅读大语文""奇妙数学王国""欢乐数学""小学数学名师全解""天才数学题""洋葱数学打卡学习""英语趣配音""51talk青少儿英语""小学英语点读"等,都可以作为很好的补充。

诸如微信、今日头条等资讯,将深度改变我们的教学,是今后科技资讯发展对教育施加积极影响并改变教学方式的最直接表现。教师、家长应该积极学习,及时跟进,为学生的学习提供更多可能。

其二,如何克服学力不足学生的畏学情绪,让他们获得应有的发展?

四年级学生的学业水平差异进一步拉大,这是必须要解决的一个大问题。一切来自政府的行政管理和学校的校本管理,都应该服务于因材施教这个根本任务。当这些学生因为基础不扎实产生畏学情绪的时候,要尽一切力量为这些学生巩固基础、重拾信心,让他们慢一些发展。否则,就是不断放弃学生。我们不能一边鼓吹"一个也不能少",一边明明知道"少了好多个"也坐以待毙。

比较有效的途径有两条:一是争取更广泛的支持,进行分层教学,或者进行同质小组学习,补齐短板;二是在校本课程设置上,为这些学生设置补充性课程,配备更加优秀的老师,为其开展有针对性的学科技能训练。

两种途径都需要提供更加优质的师资,需要协同家长进行必要的取舍选择,需要不断调适学科教学管理制度。这项工作能否有效推进,需要破局思维,考验学校管理层的决心和定力。

（2019 年 12 月 19 日）

12.
小学四年级孩子的教育"节气"（下）

在小学四年级，阳光小学还关注两个"节气"——要习惯、达自理。

——要习惯

四年级，是学生养成学习习惯的稳定期，基本目标是初步达到自我管控的程度。我们将学生良好的学习习惯集中表述为三个方面特征：1.能够按作息时间自我管理实现自我学习；2.积极解决困惑，有马上解决困难的行动努力；3.有持久的注意力，有稳定的阅读持久度，不会被手机、电脑过度吸引。

只要能够做到这三点，基本上就算是具备良好的习惯了。那么如何培养这些习惯呢？

首先，能够按照作息时间管控自我学习的能力，是需要在老师的主导训练下才能完成的，寄希望于在学校都不能自我管控学习的学生回到家就能自我管控学习，是不现实的。试想，一个在课堂上都只会干举手傻等或者一完成老师指定的任务就不知道干什么的学生，怎么可能回到家能有自我管理学习的能力？

所以，四年级首先要多开设一些自习课（三年级应该开始）。

这类课上老师要模拟学生在家学习的情况,给定相应的学习任务,让孩子独立自主完成。教师要在这个过程中观察哪些孩子容易被干扰,哪些孩子容易因为外在原因中断学习,哪些孩子会一遇到阻碍(困难)就不能执行后续任务而打乱学习进程。

观察过后,教师要对症下药,要研究怎样的任务设计能够让学生安排自我学习而不至于消极等待,要研究在学校如何培养学生高效利用时间的能力,这样才有可能帮助学生在家养成自我学习的习惯。

当然,家长更要重视四年级孩子在家的学习习惯培养,要引导孩子在规定的时间内高效完成家庭作业,指导学生安排好合理的作业顺序,控制家庭内分散孩子注意力的环境因素,并引导孩子开展老师任务之外的兴趣学习。

其次,马上解决困难的行动努力,也需要在老师的指导下长期训练才能形成。

四年级孩子的主观能动性大幅度提高,自我分析和判断能力高速发展。此时正是培养其行动力的时机,学校要不断强化"解决不懂问题在当天"的观念,在学生间执行一条铁律——通过自己努力不能解决的学习困难必须当天通过请教同学或者老师解决,不能拖延到明天或者放一放以后再问。"解决不懂问题在当天",整个学校倡导要这样的风气,才能有助于学生优秀学习品质的培养,助益学生高效习惯的养成,更有利于高效班风的建设。

"解决不懂问题在当天",也要成为家长指导学生的准则。家长要多问问孩子今天还有哪些不懂的问题,协助孩子找同学或者找老师当天解决,而不是告诉他明天回到学校再去问同学或者老师。

最后,要管控好手机、电脑,不使其成为孩子的"精神鸦片"。手机、电脑对孩子的吸引力,在全世界都一样。一方面,不能将其束之高阁,让孩子垂涎欲滴;另一方面要严格管控内容,使之既能让孩子得到使用体验,又能让孩子感受到其对学习的促进作用,才不至于在网络游戏或者其他项目中沉迷不拔。

要做到这点,首先需要老师有意识地布置一些用手机或者电脑完成的作业,安排家长利用手机帮助孩子开设一些学习项目,既消除孩子对手机的觊觎心理,又把手机及网络对孩子学习的帮助作用明确传导给家长。

家长应严格控制孩子使用手机、电脑的时间,规定使用方式——可以进行哪类学习活动,除此之外应坚决杜绝。在四年级,阳光小学不建议给学生配备手机,所有学生使用手机、电脑,应该在家长的管控之下进行。

——达自理

此处"达自理",指学生在完成四年级段的学习后,在生活上,能够自我约束,比如按时起床,准时入睡,关注个人卫生,准备好第二天的学习用品等;在学习上,能够自我管理,比如基本不用家长逼着做作业、不用家长参与每项作业细节中、能使用一定的资讯工具而不迷恋不依赖等。

在四年级这四个"节气"中,只要做好"求速度、拓兴趣、要习惯",学生的自理能力自然也将水到渠成。

(2019 年 12 月 20 日)

13.

小学五年级孩子的教育"节气"（上）

　　五年级的孩子，进入了生命中一个全新的阶段——他们将先后迎来他们的青春期。这个时期的孩子，会产生诸多的变化。阳光小学把五年级孩子的"节气"特征归纳为——"练表达、熟读写、重思考、强体魄"。

　　——练表达

　　此处所谓的"练表达"，单指口语表达。

　　学生进入五年级，课堂上举手发言的少了，发言的声音轻了，有些学生开始不举手了。如果不是老师的提问令他们很感兴趣，他们基本上不会主动发言。

　　这是因为在这个时期，他们觉得他们长大了。他们不会回答幼稚的问题，觉得那样会显得很幼稚；他们不会应声附和老师的提问，觉得那样会显得很没有立场。每一个老师都会感受到这个时期的孩子在课堂上不愿意回答问题，又大都束手无策。每一个学生似乎都在问你——老师，我为什么要配合你的表演？

　　表达，变成了课堂上的紧缺资源。如何改变这种状况？

　　一要再次提升学生对表达价值的认识。教师要抽出时间，提供深入平等的讨论,让学生充分认识到,表达不是学生课堂发言的义务,却是课堂教学很重要的资源,每一个同学都应该努力练习提高。1.表达是帮助大家共同学习提高学习效率更有效的手段;2.表达是自己尊重、参与他人活动的机会,而对他人的尊重和参与,将会是你今后取得成功的核心能力;3.准确、简洁表达自己的观点和情绪,是一种领袖气质,值得你为之付出努力。

二要提高教师组织学生"练表达"的能力。要科学认识此阶段孩子的"大声发言",不可能简单作为一种课堂常规要求就能达到。首先,教师需要摸清学生为什么不发言的复杂心理活动,不妨深入谈谈心;然后,要提高课堂教学问题设计的针对性、有效性、挑战性、思辨性;最后,要寻找合乎这个年龄段特征的课堂表扬方式。

表扬方式的改变,在五年级显得尤为重要。有些老师把"好的""你很棒"之类的简单反馈语从一年级用到六年级,一成不变的反馈方式也是学生拒绝发言的原因。五年级时的发言反馈应该符合学生对自己的追求和期许心理,诸如"你很有主见""你很有自己的思考""你给我们提供了不一样的思路""你的发言思路很清晰""谢谢你的分享,让大家受益多多""你发言时很有自信""你的发言很吸引人,大家都在认真听"等表扬语,这将会为建设积极互动的课堂注入强心剂,收到意想不到的效果。

——熟读写

指培养学生具备比较熟练的读写能力。五年级的学生,在读上应该有什么特别要求?应突出强化句段结构读,抓住表达特点读,抓住作品特征读。

强化句段结构读,指在阅读中要引导学生关注构句成段的方式。在所有标点符号的用法中,句号看似最简单,实则最难用好。什么样的句子是单句,什么样的句子是复句,这是语法研究非常关键的问题。误把逗号、分号用作句号的比比皆是,该用句号时却用逗号、分号的也层出不穷。哪些句子应该组成一段,哪个句号之后要分段,更是标准不一,需要依据作者具体语言情境而定。读的教学中只有关注句段结构的内化吸收,才能迅速提高学生写作能力。

抓住表达特点读,指要在阅读中体会作者的语言特点,包括词汇特点、句式特点、表达特点、修辞特点、结构特色等,并吸收为己用。教师的教学要从对语言点上的分析转移到条块归纳上来,组织学生进行以大量阅读经验为基础的感知归纳活动。

抓住作品特征读,指要对感兴趣的作者展开跟踪阅读,读其一本书或者一系列文章,从而思考体会作者的语言能力、情感倾向、思维特征、价值判断,形成对作品的全面认识。只有这样,阅读才能成为学生今后学习过程中真正的内在需求。

写,是对读的汲取和产出。提高学生写作能力最有效的方法就是仿写,仿造句修辞写、仿语言风格写、仿写作手法写、仿观察角度写、仿选题取材写、仿结构格式写等。仿写能丰实每个学生的语汇语法修辞积累,提升语言表达逻辑结构,真正提升学生的表达方式、结构能力和用语水平。

五年级的孩子,是写作能力发展的关键阶段,关注怎么读、怎么写,如何强化句段结构读,如何抓住表达特点读,如何抓住作品特征读,如何从各个角度仿写,是教学研究的焦点。

目前,学校一部分老师已经先走一步,围绕某作家、某作品开出了专题品读课程。我们要继续在如何有效读书上不断探索,在如何高效仿写上继续研究,真正为学生的终身能力发展奠基。

（2019 年 12 月 22 日）

14.

小学五年级的教育"节气"（下）

除了比其他年级要更关注于"练表达、熟读写"，五年级还必须突出两方面专门训练。

——重思考

之所以在五年级要突出思考能力的培养，不是之前不重要，而是进入五年级要特别重视。五年级的孩子，已经具备比较充分的认知基础，有了丰富的概念体系和价值判断。此时，学校的使命就是要突出学生思考能力训练，建设思考类校本课程，要把"尚思考"这一学风建设目标沉淀为课堂教学特征。

要调动学生持续思考的兴趣。如在语文学科，要不断引导学生对文本内在逻辑严密性的思考，要打破课本至上的桎梏，善于对本文的语汇、语法、逻辑、修辞、结构的合理性进行质疑，以精益求精的态度、"找茬"的方式，在挑战课本权威的过程中提升语文能力，获得精进。学校要在五年级开出典型的文本质疑课例，如围绕某篇文章，思考字词是否都精准无误、表达是否已经尽善尽美、逻辑是否已经严丝合缝、结构是否已经最简洁高效，以此提升学生深入语文思考的兴趣，发展语文能力。这项工作应该在五年级开始，一直贯穿于小学阶段。

要培养学生深入思考的能力。如在数学学科,要坚持留一些挑战题,要让学生多一些机会体验挑战的成功与快感;要不断鼓励学生围绕某一个难题持续深入思考,锻炼学生思考的热情和韧性,体会到不放弃就能取得成功;要在学有余力的学生中开展分层训练,使其得到充分的发展。

要建设更加丰富的促进学生思考的教育平台,如建设学校"思考学习角",定期发布问题,设立交互活动区,定期揭晓答案,评选优秀选手;如开展以价值辨析为主旨的征文评比活动,颁发校长专项奖学金;如在校报、校刊开设辩论专版,设定主题引导学生展开正、反方辩论;等等。通过多样化的学校平台,引领学校思辨性学习风尚。

——强体魄

五年级孩子大多进入青春期初期,此时身体迎来最迅速的生长发育期,这个时候必须建设更加有效的体育课程,以满足孩子生长的需要。

要确保在校每天锻炼一小时。目前学校倡导的五、六年级全员跑操,全员性跳绳、踢毽子运动,都是基于学生青春期发育的需要。今后要继续向体育课要质量,向跑操运动要强度,加强课后跳绳运动,确保学生在校运动量。

此外,学校要特别考虑为五、六年级学生每年开展一定时间的体能训练活动;还要积极作为带动家长协同孩子参加更多的体能训练活动,积极倡导亲子运动,以融洽的亲子关系,伴随孩子平稳度过青春期。

(2019 年 12 月 24 日)

15.
小学六年级的教育"节气"（上）

学生进入小学六年级，教育应该抓住哪些"节气"循节而施？阳光小学把这个阶段的教育重点定位在——"成技能、讲文明、求进步、磨意志"上。

——成技能

从 2014 年起，新加坡在全国推行了一个"技能创前程（Skills Future）"计划。这个计划或许翻译为"未来能力"计划更合适。在新加坡教育部编制 2014—2019 年教育规划时，该计划被作为纲领性要求，落实到各个课程纲要和各个学段的课程计划之中。由此可见，技能的学习已经超越知识的教学，成为未来学校教学的重点。

如果教学活动按学习所得进行分层的话，大致可以分为"识记—理解—应用—分析—评价—创造"这六个层面。传统的课堂教学更多停留在"识记—理解"层面，而"未来能力"教育计划要求将课堂关注点更多定位于"应用—分析—评价—创造"层面。

所以，此处所谓的"成技能"，不单指传统教学中的"听说读写算"技能，而是指引导学生运用这些技能，进行初步应用、分析、评

价、创造性学习活动的能力。在具体教学操作层面,要培养未来能力,需要落实两个方面的改变:

一方面,教师、家长要引导学生进行提前学习,自主获取知识。特别是对于识记、理解类的知识,要提前完成,腾出课堂学习时间由老师组织学生进行应用、分析、评价、创造等活动;要充分利用工具书、搜索引擎、学习网站,对学习材料进行有针对性的自主识记、理解。

对教师来说,指导学生预习,此时显得尤其重要。预习要求不能一成不变,内容和方法也要随着年级的提升而改变。预习什么、怎么预习,达到怎样的目标,如何在众多的工具书、资讯资料、学习平台中进行选择,要完成哪些识记、理解性知识的学习,都需要老师有更宽的选择视野,做出更有效的示范。

教师要改变课堂教学设计,加大对学生自学能力的评估、验收、指导,防止学生进一步分化;要组织更有效的课堂应用性练习,以强化技能训练为导向,真正提高学生对所学知识的联系、运用水平。

另一方面,家长在六年级要更多关注学生自主预习的态度。不能再简单地问"作业做完了吗?",而是要问问"今天需要自己学点什么? 学会了什么? 你还想学点什么?"要去关注手机终端、科技资讯平台等资源对学生自学的帮助,要能够监控学生使用网络学习而不是被网络控制,从而不断提升学生终身学习的意识和能力。

——讲文明

在六年级重提讲文明,是因为此时绝大部分学生已经处在青春期。这个时期,学生开始表现出更多的叛逆行为甚至极端行为。

对不喜欢的老师,他们干脆整堂课不搭理,甚至会通过标新立异的行为以表示自己的抗拒。这个时期,如果文明规范的要求不能在他们身上建立起价值认同,则所有的要求都会被他们挑战,视为是用来打破的。

所以,每到六年级,总有一些学生被老师看作是破坏者,他们或者乱接嘴打乱老师讲课、或者故意制造话题引起课堂哄笑、或者隐而不发消极抵抗。这种现象会因为班级组织文化的强弱表现出不同,前期越不注重品格内化教育的班集体,此时的抵抗就越严重。一旦出现此种现象,需要反思两方面工作。

一是对学生文明行为价值的认识教育够不够?要通过更多的主题教育课、品德课,让教育者、受教育者都能够明确感受到——一个人的综合竞争力有多强,不在于这个人拳头有多硬、知识有多丰富、财富有多富有,而是在于这个人文明程度有多高。一个国家、民族的竞争力,同样也不在于对外展示肌肉有多强、生产总值有多高、资源有多丰富,而在于国民的文明程度有多高。

新加坡在李光耀时期推动的全民"微笑邻居行动""全国礼貌运动""行善运动""爱心爸爸"活动,对我们今天的学校文明教育,仍有很强的现实指导意义。

二是对不文明行为的危害认识够不够? 一些班级,对行为规范的要求停留在常规要求上,长期缺乏对制度、公约、规范本身价值的深化教育,甚至一些老师自身对制度、规范的价值理解也不够到位,对违反公约制度、文明要求、纪律规范所产生的破坏性后果没有深刻感知能力。

2013 年,一个叫"丁锦昊"的人一下子成了世界名人,因为他在埃及具有 3000 多年历史的古迹卢克索神庙浮雕上,刻下"丁锦昊到此一游"的字样。一时间,中国游客的不文明行为引起全世界媒体的口诛笔伐。这就是对不文明行为的危害认识不够的典型例子。

道德行为的强化在于行动,而不道德行为的制止则更需要提高认识。六年级,需要大力提高学生对不文明行为危害自身发展、危害集体发展、危害国家民族的认识,不能停留在简单的讲要求、讲规范、讲道理的层面,而要能够充分利用列数字、举例子、摆事实、对比论证、引证科学研究成果等方式,将学生的不文明行为和其对自身的危害建立起直接的联系,才能真正触发学生践行文明的内驱力。

(2019 年 12 月 25 日)

16.

小学六年级的教育"节气"（下）

小学六年级,还是孩子理想信念形成的起步阶段。所谓少年立志,大多数孩子的远大理想,都在这一阶段萌芽,此时学校教育还要落实两大教育功能——培养学生"求进步"的动力,带领学生"磨意志"的实践。

——求进步

要激发学生追求自我进步的内驱力,夯实学生不断追求自我进步的班级文化,提供学生充分的奋起追赶的机会。

首先,要在六年级引入一定量的生涯规划课程。学校要组织学生参观学风严谨的初中、高中学校,引导他们观察、感受初高中优秀学子的学习状态;要引导家长带领孩子感受优质大学的学风、专业设置结构和人才培养模式,来帮助学生树立起学习目标,设立清晰的努力方向。目前阳光小学在这个方面已经做出了探索,跟本地初中、高中建立了衔接性实践活动,但是还没有形成体系,需要进一步细化目标,规范操作,加强校本精品游学与实践课程建设。

其次,要充分唤醒并满足学生尊重和自我实现的需要。六年级的孩子对被动管教的接受度大大降低,而对同伴认可度的需求度极大提高。要充分利用这一特点,组织同伴之间互相表扬、互提要求、互补不足。学校要着重推动六年级班集体建设主题课程,建设群体组织文化提升学生学习动力,如围绕"朋友眼中的我""我够努力吗""我最欣赏的同学""我最喜欢的老师""我需要哪些帮助"等专题,进行深入设计,建设六年级学段特色品德课程。

此外,还要在六年级前期给每个孩子做一次有针对性的全面诊断,帮助孩子分析学科知识体系上的疏漏与不足,找到孩子不喜欢的学科以及原因,做好分层分组,让学生在不同的教师、教学组织策略和环境中,夯实基础,尽可能给暂时落后的学生提供充分的奋起追赶的机会。

——磨意志

如果说小学三、四年级阶段学生的分化多半基于遗传因素的话,则小学六年级后、优生之间的再一次分化多半是由于家庭教育差别和个体意志差异。日前,在杭州举行的马拉松比赛中,科技大神施一公的参赛和配速刷爆了朋友圈。其实只要稍微梳理一下就可以发现,那些在学生时代耐力超群、意志坚定的人,往往在工作20年之后,大都成了其所在行业的领跑者,这就是意志的力量。

在新加坡,除了纷繁复杂的课外活动来训练学生的意志之外,野外生存训练项目被委以重任。本次访学组到新加坡后的第四周,驻新加坡大使馆教育参赞康先生召开了一次座谈话,特别嘱咐南洋理工大学项目组安排我们参观学习新加坡屋名岛上的学生野外生存训练基地。从小学五年级开始,新加坡每个学生每年都要在这里进行历时一周的野外生存训练。他们只能携带固定量的食物、淡水以及必要的设备工具,以小组为单位,完成规定的徒步越野、渡河、搭帐篷等等技能训练。这是目前国内难以效仿的。

意志能力的训练,非得有艰难困苦的环境不可。目前我们已经采用的途径除了常用的军训、跑操之外,乏善可陈,我们应该在这个领域展开更多的教育想象。

如在体能训练方面,可以发动有共同兴趣的学生、家长,组建晨跑队,在固定的区域,预先安排路线,定制发放共同的文化衫,辅以必要的仪式感,带动一批学生积极参与到耐力训练的队伍中来。

又如,在吃苦耐劳方面,学校应该联系更多的社会实践基地,真正让学生参与到不同行业的生产服务性劳动之中,开展更为扎实的假期实践活动,让更多学生尽早体验到劳动的艰辛,提高身体的耐受力。

在六年级给学生一场终身难忘的磨砺意志之行,应该成为小学阶段画上一个句号的标志,成为奉献给全体小学毕业生的一份大礼。

(2019 年 12 月 28 日)